CB140335

POSTCARD
PLACE STAMP HERE
PÁTRIA
ESTRANGEIRA
Perplexidade e encantamento em um mundo sem fronteiras
FROM:

PÁTRIA ESTRANGEIRA

Perplexidade e encantamento em um mundo sem fronteiras

AIDIR PARIZZI

Edições BesouroBox
1ª edição
Porto Alegre-RS / 2025

Capa e projeto gráfico: Marco Cena
Coordenação editorial: Maitê Cena
Produção editorial: Elenor J. Schneider
Revisão: Gaia Revisão Textual
Assessoramento gráfico: André Luis Alt
Todas as fotos do livro são do acervo do autor.

P234p Parizzi, Aidir
Pátria estrangeira : perplexidade e encantamento em um mundo sem fronteiras / Aidir Parizzi. – Porto Alegre : BesouroBox, 2025.
319 p.

ISBN 978-85-5527-187-8

1.Viagens ao redor do mundo. 2. Viagens. I. Título.

CDD 23. ed. 910.41

Cip - Catalogação na Publicação
Tamara da Rosa Silva CRB10/2812

Direitos de Publicação: © 2025 Edições BesouroBox Ltda.
Copyright © Aidir Parizzi, 2025.

Todos os direitos desta edição reservados à
Edições BesouroBox Ltda.
Rua Brito Peixoto, 224 - CEP: 91030-400
Passo D'Areia - Porto Alegre - RS
Fone: (51) 3337.5620
www.besourobox.com.br

Impresso no Brasil
Outubro de 2025

"Seguindo o próprio determinismo é que se é livre.
Prisão seria seguir um destino que não fosse o próprio. Há
uma grande liberdade em se ter um destino.
Este é o nosso livre-arbítrio."
Clarice Lispector

SUMÁRIO

APRESENTAÇÃO

Ler os textos do Aidir é sempre prazeroso, porque ele escreve bem e ensina história com uma leveza quase irretocável. Suas andanças pelo mundo, registradas com zelo, olhar perspicaz e verdadeiro amor, constituem um presente sempre renovado para os leitores. Se nas obras anteriores – *Mar incógnito* e *Embarque imediato* – o foco era predominantemente universal, em *Pátria estrangeira* o autor se volta também para a primeira de suas pátrias, o Brasil, visto a distância, com o mesmo rigor crítico com que observa as demais nações do mundo que já visitou.

Com uma análise por vezes cáustica, observa sua pátria de fora, o que quase sempre propicia uma perspectiva melhor, faz ver o que de perto não nos é possível. Não lhe fogem os momentos e episódios tristes do país, como os desacertos políticos, a persistência do racismo e da pobreza, os anos obscuros da ditadura, impondo um nacionalismo forçado e artificial, mas recorda igualmente os aspectos positivos que a pátria já viveu e ainda vive.

Sobrevoando dezenas de países, Aidir nos apresenta um conjunto de reflexões sobre a Ásia, o Cáucaso e o Oriente Médio, escrevendo sobre nações que, por vezes, nos soam distantes, porém com tanta riqueza cultural que só pode causar encantamento. Ele nos dá acesso a raízes históricas de países europeus, enfatizando suas riquezas culturais, suas grandes conquistas científicas, sua paz e seus conflitos religiosos, com especial atenção a uma de suas pátrias, a Itália.

Vale a pena ler o que escreve sobre países da América, para entender algumas questões que continuam causando desassossego e gerando conflitos, distribuindo dor sem o menor escrúpulo. Enfim, é um livro que só nos faz crescer, que nos leva a perceber que, apesar de tudo, um mundo melhor é possível.

Elenor J. Schneider

PARTE 1
ÁSIA

A NOVA MURALHA

Em uma escaldante manhã de verão em Pequim, eu aguardava para atravessar a larga Avenida Qianmen e entrar na imensa Praça da Paz Celestial. Distraído com o trânsito frenético da capital chinesa, senti na perna o que pareciam ser picadas de inseto. Ao olhar para baixo, encontrei um sorridente menino de 3 ou 4 anos que, sem que a mãe percebesse, puxava meus pelos, característica relativamente excêntrica em um povo de pernas lisas. Devolvi o sorriso e fiquei mais uma vez com a lembrança de que, em países que costumamos chamar de exóticos, os exóticos somos nós.

Na década de 1980, Deng Xiaoping (1904-1997), o arquiteto da China Moderna, iniciou uma gradual abertura à iniciativa privada e ao investimento estrangeiro. A intenção do secretário-geral do Partido Comunista era expandir a economia e melhorar o padrão de vida, desmantelando aos poucos a política de isolamento da Revolução Cultural Maoista (1966-1976). O plano de Deng, chamado na China de Milagre Econômico, resultou em monumental sucesso, se considerarmos a posição atual da nação no cenário mundial.

No último quarto de século, fiz cerca de 60 viagens ao país, cobrindo as principais províncias da China continental.

Em cada visita, sem exceção, fiquei abismado com a rapidez e o arrojo do desenvolvimento, sem precedente no mundo ocidental. Para se ter uma ideia do ritmo galopante, o consumo médio de concreto na China, nas últimas duas décadas, é de 2 bilhões de toneladas anuais – 60% do consumo mundial –, ou seja, a cada dois anos, os chineses consomem o equivalente a todo o concreto usado nos Estados Unidos nos últimos cem anos.

Passado o hiato causado pelas restrições da Covid-19, retornei ao país de Confúcio em maio de 2025, interessado em compreender os efeitos da amplamente difundida desaceleração econômica. Contrariando as notícias ocidentais, o que vi nas regiões que visitei deixou-me novamente pasmado. Enquanto o resto do mundo via-se em apuros com a pandemia, a China seguiu seu ritmo de expansão dos serviços públicos e, em simultâneo, aperfeiçoou-se tecnologicamente.

Com o compromisso de criar uma civilização ecológica, a quantidade de carros elétricos na China explodiu. Mais de um terço das vendas já são de modelos puramente elétricos, com mais de 200 novos fabricantes registrados. A infraestrutura de pontos de recarga e de geração de energia elétrica não ficou atrás, com parcela significativa proveniente de energias renováveis. A Tesla construiu (em seis meses!) uma montadora em Xangai com capacidade para produzir mais carros do que o total de veículos novos de combustão interna vendidos no Brasil. Além disso, montadoras locais como BYD, Xpeng e Wuling inundaram o mercado e já partiram para a exportação.

Em outro exemplo da vanguarda chinesa, o cartão de crédito já virou artigo de museu. O pagamento de qualquer transação é feito com celulares e smartwatches, amiúde através do WeChat, equivalente chinês do WhatsApp.

Paradoxalmente à rápida modernização, pude constatar a reversão gradual da abertura cultural de Deng. Em 2021, a escolha de Xi Jinping como líder supremo do governo renovou a ideologia do Partido Comunista, baseada não em valores ocidentais, mas na própria identidade nacional, com o objetivo de prevenir que o crescimento e os problemas políticos causassem erosão moral na civilização mais duradoura existente no planeta. O partido revisou a liberdade de jornalistas, acadêmicos, políticos e dos próprios cidadãos. O maoismo leninista retornava forte, sem com isso afetar o crescimento e o rápido enriquecimento da população e de sua crescente classe média, hoje com cerca de 450 milhões de pessoas, o dobro da população brasileira.

Em paralelo ao desenvolvimento, o nível de vigilância e segurança interna cresceu vertiginosamente, com uso de alta tecnologia. Cartões de identidade são imprescindíveis para tudo. Ao tentar comprar uma simples passagem de trem, tive de registrar meu passaporte no sistema estatal. Reconhecimento facial é onipresente em todos os lugares públicos. A Internet está limitada por uma muralha digital (*firewall*). Google, YouTube, redes sociais, Wikipedia, WhatsApp e canais de notícias estrangeiros são inacessíveis, dando lugar às alternativas locais, como o mecanismo de busca Baidu, o WeChat e o aplicativo de vídeos Douyin, criação chinesa conhecida no resto do mundo como TikTok.

As pessoas em geral parecem não se importar muito, fartamente recompensadas por trilhões de dólares públicos investidos em melhoria das cidades, estradas, aeroportos, moradia, saúde, educação de qualidade, entretenimento, viagens internacionais (eram esperados 700 milhões de turistas chineses pelo mundo em 2024). Uma melhora expressiva no nível de vida, que inclui certos luxos que enfureceriam o Presidente

Mao. Além do foco doméstico, a China é hoje proprietária de infraestrutura e recursos em vários países, especialmente na África e na América Latina.

Enquanto o mundo usava a China como centro mundial de manufatura, usufruindo dos baixos custos de produção, o país assimilava tecnologia, tratando de expandi-la e aprimorá-la. Hoje precisamos mais deles do que eles de nós, fator determinante para o gradual fechamento cultural da vasta nação.

Seguindo a doutrina de Confúcio, os filhos da dinastia Han têm sua cultura milenar como fonte de força moral. O ressurgimento da China como maior potência econômica mundial já é realidade, e a decorrente influência cultural será inevitável. Se não soubermos nos adaptar a essa mudança, corremos o risco de nos tornarmos estranhos, não só na terra deles, mas também na nossa.

CHINA E RÚSSIA

Uma aliança desconfortável

Nos anos 1990, uma realidade que me surpreendeu em Moscou foi a presença maciça de chineses. Somente na capital russa, eram mais de 50 mil pessoas vindas da terra de Mao, muitas delas estudantes com quem eu convivia diariamente no ambiente acadêmico. Chamou-me a atenção ver que os chineses não queriam ser como os russos, mas buscavam incansavelmente aprender o que eles sabiam.

Uma aliança entre países poderosos pressupõe balanço de poder, combinação de recursos naturais e científicos para fortalecimento mútuo e, quase sempre, um inimigo comum. A Rússia é um gigante territorial, com vastos recursos naturais, o maior arsenal nuclear do planeta e baixa densidade populacional. A China é uma superpotência industrial com extensa população, poder aquisitivo crescente e ambição de se tornar a maior economia mundial na próxima década.

Observe um mapa, ou, melhor ainda, um globo terrestre. Os dois países abraçam vastas e ricas regiões da Ásia Central, como o Cazaquistão e a Mongólia. Se unirmos Rússia, China e a vizinha Índia – que desde o início da guerra com a Ucrânia está usufruindo pragmaticamente de petróleo e gás natural russos a preços módicos –, estamos falando de cerca de 20% do território mundial e 40% da população do planeta. Não é à toa que Putin tem insistido na criação da Comunidade Econômica da Eurásia.

O antagonismo ao Ocidente, a sinergia de recursos naturais e tecnologia, além da ideia de que o protagonismo americano está em franca decadência, são agentes motivadores comuns. Sinais dessa tendência são as atuais transações comerciais entre Rússia e China, que cresceram significativamente após as sanções do Ocidente, e acontecem em moedas locais, inclinando a balança de poder do dólar americano para outras moedas.

Há também uma ligação pessoal entre Xi Jinping e Vladimir Putin, com frequentes encontros e um relacionamento entre dois líderes autocráticos com múltiplos mandatos, caracterizado por ambos como uma sólida amizade. Militarmente, temos a China com forças mais convencionais e a Rússia com bolsões de tecnologia militar de ponta. Em 2018, os dois países deram uma impressionante demonstração de força conjunta, nas manobras militares conhecidas como Vostok.

O que impede, então, China e Rússia de selarem um acordo militar mais abrangente? Primeiramente, a disparidade entre as duas nações. A Rússia perdeu poder econômico e reduziu drasticamente os gastos com a defesa, o que a colocaria em uma posição desconfortável de parceiro menor, em uma aliança naturalmente chefiada por Pequim. A China, mesmo com objetivo traçado de 200 bilhões de dólares de transações comerciais anuais com a Rússia, vende três vezes esse valor somente para os Estados Unidos, e não quer complicar sua imagem de parceria comercial com o Ocidente. Não se pode deixar de lado também o fato de que ocupar o assento do passageiro não combina com a personalidade de Putin e de sua liderança em Moscou.

Os dois países têm ainda um histórico de adversidade geopolítica, com ameaças territoriais que, em 1969, levaram a uma disputa de fronteiras que beirou o conflito nuclear. Em 1979, a China invadiu o Vietnã, então aliado da União Soviética, e enviou ajuda aos mujahedins na luta contra tropas invasoras de Brezhnev no Afeganistão. No início dos anos 1990, Gorbachev tratou de melhorar a relação entre os dois países, amenizando a animosidade nas fronteiras e aumentando o comércio sino-soviético. Por outro lado, o extremo leste da Rússia, com baixíssima densidade populacional, arrisca ter sua soberania rapidamente ameaçada por uma eventual invasão étnica dos povos Han sobre as estratégicas regiões de Vladivostok e Khabarovsk.

Culturalmente, em especial para as novas gerações, o Ocidente parece levar vantagem. Atualmente, há 15 vezes mais estudantes chineses nos Estados Unidos do que na Rússia, o que pode estar criando maior afinidade com os americanos. Na economia, a China utilizou estratégias ocidentais de desenvolvimento desde o mandato de Deng Xiaoping, o arquiteto da China Moderna, financiando um assombroso crescimento com capital ocidental sem, com isso, demonstrar qualquer intenção de deixar de ser um estado autoritário e centralizador.

A aliança entre Rússia e China é, acima de tudo, transacional, com muito mais forma que conteúdo. Tanto Xi Jinping como Vladimir Putin parecem pesar constantemente riscos e benefícios de juntar forças em um escancarado antagonismo ao Ocidente, com plena consciência de que certos aliados podem, por vezes, ser mais perigosos que os inimigos.

NANQUIM, CHINA

A força e a serenidade de uma cultura inalcançável

Uma das recordações marcantes de minha infância é a de passar noites ao lado da mesa de trabalho de meu pai enquanto ele desenhava e, principalmente, projetava obras civis. Na atividade que ele mantinha paralelamente à de engenheiro mecânico e industriário, foram mais de seiscentas casas e pelo menos seis igrejas concluídas. Embora ele usasse quase sempre o lápis, por vezes eu ouvia a palavra nanquim, que para mim era sinônimo de canetas de tinta negra usadas em desenhos técnicos e artísticos.

Ao desembarcar pela primeira vez em Nanquim, aquela foi minha primeira lembrança. Na China, a tintura preta que leva o nome da cidade já era usada desde o período neolítico, há mais de 5 mil anos. Como a tinta nanquim, o papel (105 a.C.), a pólvora (1000 d.C.), a seda (3000 a.C.), a bússola (1100 d.C.), as cédulas monetárias (850 d.C.), a impressão por tipos móveis (990 d.C.) e tantas outras tecnologias já tinham sido inventadas por lá séculos antes do Ocidente.

Capital da província de Jiangsu, Nanquim tem pouco mais de 10 milhões de habitantes. A cidade fica no delta do lendário Rio Yangtzé, uma das maiores zonas econômicas da

China atual. Sua influência na história e na cultura chinesas é vital, tendo sido capital de seis dinastias desde o século 3 e de um governo republicano no século passado, cujos líderes fugiram para Taiwan. O nome atual, Nanquim, foi cunhado pela dinastia Ming (1368-1421) e quer dizer capital do sul, em oposição a Pequim, a capital do norte.

Entre longos períodos de paz e prosperidade, a cidade não ficou livre de desastres, guerras e invasões. O massacre mais famoso, até por ser recente, entrou para a história como o Estupro de Nanquim. Em dezembro de 1937, os japoneses, que já tinham ocupado a região da Manchúria anos antes, entraram nas muralhas de Nanquim e, em poucas semanas, massacraram mais de 350 mil civis e cometeram um número estimado de 80 mil estupros. Foi o caso mais emblemático da matança e tortura indiscriminada perpetrada pelo Japão às vésperas da Segunda Guerra Mundial.

A metrópole oferece muitos pontos de interesse cultural e histórico. A bem preservada Muralha de Nanquim, com 48 quilômetros de extensão, foi construída no século 14, quando a cidade era a maior do mundo. Duzentos mil trabalhadores levaram 21 anos para concluir a fortificação. A religiosidade de Nanquim está marcada por mais de 400 templos budistas. Nos arredores, um imenso parque aos pés da simbólica Montanha Púrpura guarda o Mausoléu de Sun Yat-sen (1866-1925), fundador e primeiro presidente da República da China. Sun liderou a Revolução de 1911, que encerrou a última dinastia (Qing). Curiosamente, o líder é reverenciado tanto em Taiwan, onde é chamado de "pai da nação", como na República Popular da China, onde leva o título de "precursor da revolução".

O foco em educação e a pesquisa de ponta em Nanquim é mais um exemplo da importância das universidades e da ciência na China, nação ciente de que o sucesso econômico precisa estar baseado no conhecimento e na independência tecnológica. São 68 universidades na cidade, entre elas a histórica Universidade de Nanquim, uma das melhores do planeta. Para quem ainda pensa que a China não dá importância ao meio ambiente, em 2024, Nanquim ficou com o título de segundo centro de pesquisa mais prolífico do mundo em ciências do meio ambiente, atrás apenas da também chinesa Pequim. Dos cinco centros mais desenvolvidos nessa área, quatro ficam na China.

Um fato, aliás, pode servir de presságio para o futuro da economia mundial: a cada ano, a China coloca no mercado 4,7 milhões de formados em ciência, tecnologia, engenharia e matemática (STEM, no acrônimo em inglês). A Índia produz outros 2,6 milhões. Os Estados Unidos formam 560 mil, número que segue em declínio, e, no Brasil, são menos de 200 mil (meros 15% dos universitários).

A cada visita à China, observo que o Ocidente está sendo engolido científica e economicamente. No futuro, a explicação ocidental de como isso aconteceu poderá ser semelhante à que deu Ernest Hemingway ao ser questionado sobre como tinha ido à falência: "De duas formas. Gradualmente, e então repentinamente".

QUFU, CHINA

Herança milenar e constante renovação

Minhas viagens de trabalho na China envolvem longas distâncias domésticas entre as várias províncias. Nos últimos anos, dispensei o transporte aéreo e usei somente trens. Em menos de 15 anos, o país construiu uma rede eletrificada de 38 mil quilômetros de ferrovias de alta velocidade (acima de 300 km/h). Uma viagem de Pequim a Xangai (equivalente a Porto Alegre-Rio de Janeiro) pode ser feita em menos de cinco horas. A conveniência, o conforto e os preços acessíveis permitem o transporte de mais de 2 bilhões de passageiros por ano.

Em uma das paradas do trecho em que eu viajava, na província de Shandong, o nome da estação chamou-me a atenção: Qufu (pronuncia-se Tziufu). É a cidade natal de Kong Qiu, filósofo que teve seu nome latinizado como Confúcio (551-479 a.C.). Em poucos segundos, decidi não perder a chance de conhecer a terra que gerou os ensinamentos que regem a malha social e governamental chinesa há 25 séculos. Pouco antes de a porta se fechar, recolhi a bagagem e desembarquei.

Um dos fenômenos pouco entendidos da história humana é o fato de a filosofia escrita ter florescido de forma independente, em torno do mesmo período, em distintas regiões do planeta. É como se houvesse um inconsciente coletivo que se move em uma mesma inércia na humanidade. O pensamento desses pioneiros teve um impacto profundo na forma que hoje pensamos e seguimos em todo o mundo. Os textos fundamentais da filosofia indiana (Upanichades) foram escritos entre os séculos 6 e 8 a.C. Na mesma época, na Grécia, aparece o primeiro filósofo pré-socrático de relevância, Tales de Mileto, nascido em 624 a.C. O nascimento de Sidarta Gautama, o Buda, teria ocorrido no mesmo século, embora alguns estudos indiquem que ele teria vindo ao mundo em torno de 480 a.C., mesmo período de Sócrates.

Por fim, em Qufu, em 551 a.C., nascia o primeiro grande filósofo chinês. Na China, não havia uma forte cultura religiosa ou sobrenatural, o que explica o naturalismo de sua filosofia. Os princípios dos ensinamentos de Confúcio estão concentrados nos cinco livros chamados Clássicos e, em especial, nos Analectos, um compêndio de diálogos entre o mestre e seus discípulos. Eles formam um sistema de valores, uma teoria política e, para alguns, uma religião, mas vão além, definindo normas de ordem hierárquica baseadas no respeito pelos mais velhos, pelos antepassados e pela tradição.

O termo confucionismo foi cunhado pelos jesuítas que chegaram na China no século 16. Localmente, assim como no Japão, Coreia e Vietnã, a filosofia é conhecida como Ru (estudioso), sem referência direta ao sábio de Qufu. Os pilares principais são Educação, Família e Ritual (comportamento social). "O respeito aos pais e aos mais velhos é o fundamento da harmonia nas relações sociais", disse Confúcio. A organização da sociedade e dos governos é baseada na estrutura familiar. O respeito à hierarquia é fundamental, porém sem subordinação cega ou idolatria. Assim como os pais são respeitados por cuidarem das necessidades emocionais e físicas dos filhos, também o respeito pelo governo deve ser baseado na forma como a população é por ele tratada. O mandatário precisa agir como uma espécie de pai cuidadoso.

O princípio mais popular do confucionismo é o da empatia. A regra de ouro dos Analectos é seguidamente citada, embora seja raramente praticada no mundo ocidental: "Nunca faças aos outros aquilo que tu não desejas para ti" (Analectos, 15.24). Confúcio pregava que regras como essa devem fazer parte da formação das crianças para que se tornem instintivas. A Revolução Cultural (1966-1976) tentou banir o confucionismo, mas ele está enraizado e voltou com força após a morte de Mao Tsé-Tung.

A história chinesa permanece marcada pelas regras simples de relações pessoais e institucionais: crianças que respeitam seus pais tornam-se boas pessoas para a sociedade. Membros do governo devem ser educados e equilibrados. Governos só podem ser bem sucedidos se tiverem o apoio do povo. Os princípios de Confúcio ajudam a garantir, pelo menos no médio prazo, que governos que não favoreçam a população, ainda que ditatoriais, sejam extirpados de baixo para cima. Com a velocidade de um trem-bala, a China avança para se tornar novamente a maior economia mundial.

HUNAN, CHINA

Uma janela para o espírito da nação

Changsha, capital da província chinesa de Hunan (ou Hunã), é uma cidade com 8 milhões de habitantes e uma pujante economia, correspondente ao dobro do PIB da cidade de São Paulo, ou 20% do PIB brasileiro. No início do século 2, contudo, Changsha passou por sérias dificuldades. Duas enchentes do Rio Xiang, em 1906 e 1909, inundaram a região, forçando a maioria da população a refugiar-se em abrigos improvisados nos arredores da capital.

A situação de fome e penúria agravou-se rapidamente e, em abril de 1910, uma tragédia abalou o espírito dos nativos. Uma mãe desesperada, sem poder comprar arroz para os filhos, agarrou-se às duas crianças e jogou-se em um lago. O marido, ao saber da tragédia, também se suicidou. Foi a gota d'água para desencadear uma revolta generalizada contra o poder central chinês e a crescente ocupação estrangeira do período pós-imperial. O governo foi implacável, executando dezenas de líderes revoltosos e expondo suas cabeças em estacas espalhadas pela cidade.

Entre as testemunhas daqueles tumultuados anos em Changsha, estava um adolescente que, 40 anos depois, se tornaria o primeiro líder da República Popular da China e cujo rosto aparece hoje em todas as notas da moeda chinesa, o renminbi. Filho de agricultores nos subúrbios de Changsha, o jovem Mao Tsé-Tung (1893-1976), leitor voraz de Confúcio e dos clássicos chineses, iniciava a carreira de professor. Segundo ele mesmo declarava, os trágicos acontecimentos e a injustiça com os cidadãos de Hunan criaram a consciência política que o acompanharia vida afora. A cidade e a província têm orgulho de ser a terra natal do "grande timoneiro", figura controversa, porém de indubitável influência global que, bem ou mal, unificou e alavancou a nação que em breve retornará ao posto de maior potência mundial.

A noroeste da capital, outra região da província é o destino chinês mais procurado por viajantes em busca de belezas naturais e aventuras radicais. A Área Cênica de Wulingyuan, patrimônio da Unesco desde 1992, compreende quatro parques nacionais em uma vasta região dotada de excelente infraestrutura turística.

A Floresta Nacional de Zhangjiajie oferece uma paisagem natural de riachos, desfiladeiros, cavernas e falésias. Destacam-se os mais de 3 mil pilares de arenito quartzoso, formações geradas há 300 milhões de anos, quando a região era um oceano. Um deles, chamado de Coluna do Céu, tem mais de mil metros de altura e serviu de inspiração para a montanha Aleluia no filme Avatar, de 2010. Ao longo de um penhasco, três elevadores panorâmicos percorrem 326 metros para levar turistas ao pé das incríveis formações rochosas, em um cenário surreal.

No centro da cidade de Zhangjiajie, um teleférico de 7.500 metros liga a estação ferroviária ao cume da Montanha Tianmen (Portal do Céu), ascendendo mais de 1.200 metros. De lá, turistas caminham por quilômetros de passarelas, algumas com piso de vidro, construídas nas encostas. Em abril de 2025, quatro pessoas suicidaram-se saltando de mais de 1.600 metros de altura. Desde então – em mais uma peculiaridade chinesa – foram espalhados avisos nos parapeitos, informando que é proibido saltar.

A maior atração do local é o arco natural Tianmen, uma janela de 132 metros de altura na montanha de mesmo nome. De lá, avista-se a impressionante escadaria de 999 degraus conhecida como "Escada para o Céu". Os visitantes mais acomodados podem fazer uma viagem de 25 minutos por um túnel escavado na montanha usando uma série de 12 longas escadas rolantes que, juntas, perfazem cerca de um quilômetro de comprimento. Para descer de forma mais rápida e radical, uma plataforma serve como base para arrojados saltos em *wingsuits* (trajes planadores) a 150 km/h.

Mais do que com a quantidade de turistas (14 milhões de visitantes anuais), fiquei impressionado com o acesso democrático a todos os parques, frequentados por idosos, deficientes físicos e famílias com crianças de todas as idades. Os atributos naturais e políticos de Hunan são mais uma prova de que, por mais que visitemos a civilização viva mais antiga do planeta, o dragão chinês jamais deixa de nos surpreender.

HONG KONG

Alma e identidade

Em minha primeira visita à esplêndida Hong Kong, a impressão inicial que tive foi a de que eu estava em um dos filmes de Bruce Lee, onde todos correm e se movimentam freneticamente o tempo todo. Constatei que é mais um caso em que a arte imita a vida. O mundo dos negócios, de lavanderias a grandes agentes financeiros como o HSBC (Hongkong Shanghai Banking Corporation), é movido por uma massa humana que se move rapidamente nas ruas, nos escritórios, no eficiente transporte público e no vibrante comércio local.

O que parece ser uma meca do capitalismo, à primeira vista, torna-se, em última análise, mais um dos tantos reflexos da milenar cultura chinesa. Ao contrário de outras cidades pujantes que cresceram rapidamente no cenário mundial, como Singapura e Dubai, Hong Kong manteve a língua, a identidade e a alma. É um local por vezes caótico, mas ainda assim agradável, para o qual é sempre um prazer retornar. Hong Kong quer dizer "porto perfumado", em cantonês, graças à intensa produção de incenso no passado. Hoje, o nome justifica-se por aromas e sabores da comida cantonesa.

Embora fosse conhecido dos europeus desde que o navegador português Jorge Álvares aportou por ali, em 1513, o atual território de Hong Kong era uma pacata colônia de pescadores e agricultores até que, no início do século 19, chegaram os britânicos. A coroa inglesa identificou o lugar como porto estratégico para o acesso ao Rio das Pérolas e ao restante da China. Ávidos pelas especiarias locais e sem ter o que oferecer em troca, o pragmatismo anglo-saxão eliminou o problema da balança comercial gerando uma nova demanda: o ópio. Os navios levavam a droga da Índia para o Oriente, viciando rapidamente hordas de chineses.

A dinastia Qing tentou combater o tráfico, mas, com o enorme poder britânico de então, perdeu a Primeira Guerra do Ópio, sendo forçada a ceder a ilha de Hong Kong aos britânicos, em 1842. Em 1860, os britânicos tomaram a região de Kowloon, no lado ocidental, durante a Segunda Guerra do Ópio. Não satisfeito, o império queria mais terras e, em 1888, a China foi coagida a alugar por 99 anos uma área ainda maior, que incluía os Novos Territórios na China continental. Estava formada a colônia britânica que permaneceu conhecida pelo nome de sua parte insular.

Após a Segunda Guerra, milhões de chineses invadiram Hong Kong, fugindo do regime maoista. Os britânicos aproveitaram o influxo para conceder diminutas terras nos Novos Territórios aos refugiados, em troca de apoio popular. Além da migração populacional, as riquezas, principalmente de Xangai, também "escaparam" da revolução cultural chinesa, encontrando refúgio em Hong Kong. A colônia desenvolveu-se rapidamente, criando uma implacável força capitalista sob a batuta britânica.

Enquanto isso, Pequim seguia um milenar princípio confucionista que os ocidentais raramente entendem: a paciência.

Enquanto Margaret Thatcher apostava no esquecimento do final do aluguel, o Partido Comunista Chinês aguardava. Em 1997, Hong Kong foi devolvida à China, com a condição de que permanecesse como região administrativa especial por mais 50 anos. Veremos o que acontecerá até 2047.

Para os turistas, a paisagem natural é deslumbrante. Combinada com o rápido desenvolvimento econômico e o dinâmico comércio tradicional cantonês, Hong Kong fascina os visitantes e carrega uma espetacular carga cultural. É claro que existem contrastes na cidade mais cara do planeta, com boa parte da população vivendo na pobreza em seus subúrbios.

Na região supostamente mais individualista da China, uma pesquisa de 2012 da Universidade Chinesa de Hong Kong mostrou que 55% da população coloca a harmonia como objetivo do desenvolvimento, em comparação com apenas 17% que indicam democracia ou liberdade como os principais objetivos. Vale lembrar que a interpretação de harmonia para os chineses não é acomodação ou resignação, mas consiste na busca de melhores relações interpessoais e com o meio ambiente. Ao contrário do que muitos pensam, não foi o capitalismo que transformou as pessoas em Hong Kong. A cultura e o caráter local é que moldaram o sistema que rege a pérola do Oriente.

TAIWAN

O tigre na mira do dragão

Nos aeroportos da China, sempre me chamou a atenção o fato de os embarques dividirem-se entre voos domésticos de um lado e, de outro, "voos internacionais, Macau, Hong Kong e Taiwan". Mais do que uma indicação, é uma mensagem política clara do país de Mao, que considera Taiwan território inalienável da República Popular da China. Apesar de ter hino, bandeira, moeda, passaporte e regime próprios, Taiwan não é destino internacional para os mandatários de Pequim.

O belo arquipélago da República da China, outro nome para Taiwan, tem a moderna Taipei como capital, ao norte da ilha que os exploradores portugueses chamaram de Formosa. No meu caso, o país começou a se revelar politicamente antes de desembarcar em Taipei pela primeira vez. Ao receber o visto no passaporte, percebi que, além da enfática advertência sobre pena de morte para o tráfico de drogas, a emissão tinha o carimbo da Embaixada de Taiwan em Assunção. Apenas 13 países reconhecem a independência do país asiático e o Paraguai é, de longe, o maior deles. Diante de um mercado chinês com 1,4 bilhão de pessoas e o de Taiwan, com 23 milhões, a maioria dos governos não pensou duas vezes para decidir de que lado fica.

Segundo o ex-secretário de estado americano Henry Kissinger, quando o presidente Richard Nixon esteve em Pequim, em 1972, Mao disse-lhe privadamente: "Sobre a reunificação de Taiwan, não precisamos tratar neste momento. A China pode esperar, nem que seja por 100 anos". É mais uma evidência de que a cultura e o regime chineses pensam sempre décadas e séculos à frente, uma das raríssimas vantagens de um governo não democrático que não precisa se preocupar com a próxima eleição.

O passado turbulento de Taiwan resultou em um presente que, visto de fora, parece uma bomba-relógio. Habitado pela etnia chinesa han a partir do século 13 e anexado pela dinastia Qing no século 17, o arquipélago foi ocupado pelos japoneses entre 1895 e 1945 e retomado pela China logo após a Segunda Guerra. Seguiu-se no continente a guerra civil entre as forças de Mao Tsé-Tung e as do Partido Nacionalista Chinês (Kuomintang), liderado pelo não menos autoritário Chiang Kai-Shek. Derrotados em 1949, Kai-Shek e dois milhões de seus soldados refugiaram-se em Taiwan. O plano era, em poucos anos, retomar a China continental e derrubar os comunistas, o que, obviamente, jamais aconteceu.

A verdade é que os dois lados se tornaram ditaduras brutais de partido único por décadas, orbitando em torno das personalidades dos dois líderes. O conceito da República Popular da China como "China Vermelha" e de Taiwan como "China Livre" foi mera criação da Guerra Fria e do tradicional pragmatismo americano, com seus ditadores favoritos. Pequim e Taipei concordam pelo menos em um ponto: o conceito de Uma Única China, faltando somente acertarem qual dos lados prevalecerá. Taiwan, que hoje não faz parte das Nações Unidas e participa de eventos esportivos como "Taipei Chinesa", só teve sua primeira eleição democrática em 1996.

Com a ajuda financeira dos Estados Unidos e com o trabalho do povo local, a nação densamente povoada realizou uma reforma agrária verdadeira e, mais recentemente, industrializou-se vertiginosamente, fundamentada em educação de qualidade e investimento público em pesquisa e tecnologia. Tanto esforço rendeu a Taiwan o título de Tigre Asiático, com Coreia do Sul, Singapura e Hong Kong.

Nas duas últimas décadas, tenho estado em contato próximo e frequente com o povo local e não encontro a tensão que se esperaria com relação à China continental. Todos falam abertamente sobre a questão da reunificação, conscientes de que ela, cedo ou tarde, acontecerá. A esperança dos nativos é que se dê pela via diplomática e de que Pequim trate Taiwan como o faz (um país, dois sistemas) com as regiões administrativas especiais de Hong Kong e Macau.

O governo taiwanês, obviamente, não encara a rusga tão serenamente, mantendo Exército, Marinha e Força Aérea armados até os dentes pelos americanos. Resta-nos torcer por cabeças frias dos dois lados, assim como de seus aliados. Não nos iludamos com nossa distância física do estreito de Taiwan, corredor marítimo por onde passam anualmente mais da metade dos navios de contêineres do mundo. Um conflito de larga escala entre os dois irmãos de sangue afetaria o planeta e faria o confronto entre Ucrânia e Rússia parecer uma branda discussão entre vizinhos.

KUALA LUMPUR, MALÁSIA

Um fascinante encontro de culturas

Há 30 anos, 20 dos 25 edifícios mais altos do planeta estavam nos Estados Unidos e apenas 2 na Ásia. Hoje, a situação inverteu-se, com 20 na Ásia (13 na China) e somente 2 nos Estados Unidos. Kuala Lumpur tem 4 prédios nessa lista, incluindo o segundo do mundo, com 679 metros de altura, além das torres gêmeas mais altas, as Torres Petronas, com 452 metros. Seria a existência de tais megaestruturas um indicativo de desenvolvimento e prosperidade futura?

País jovem, proclamado em 1963, a Malásia é resultado da independência de vários reinos que até então estavam sob domínio da Grã-Bretanha, com treze estados divididos entre a Malásia Peninsular, ligada ao continente asiático, e a Malásia Oriental, na vasta ilha de Bornéu. A nação é uma monarquia constitucional e o sistema de governo é parlamentar, semelhante ao britânico. O rei é o chefe de estado, escolhido de forma rotativa a cada cinco anos entre os nove sultanatos existentes no país. A propósito, o reino deve estar arrependido de ter expulsado, em 1965, Singapura, hoje um dos países mais desenvolvidos do mundo.

Kuala Lumpur, ou simplesmente KL, é a capital e a maior cidade, com cerca de 2 milhões de habitantes. O progresso econômico da metrópole é evidente em cada visita, com taxas de crescimento entre as maiores do mundo. Antiga capital do Sultanato de Selangor, hoje um dos estados da Malásia, a cidade foi formada no final do século 19 por mineradores e, nas últimas décadas, soube conciliar prosperidade com eficientes políticas públicas de infraestrutura, transporte, pesquisa científica e educação. KL tornou-se também o maior centro financeiro islâmico mundial, com forte presença de bancos do Oriente Médio, em um país que tem PIB *per capita* 50% superior ao brasileiro.

A cidade oferece muitos pontos de interesse aos 14 milhões de visitantes anuais (como referência, o Rio de Janeiro recebe cerca de 3 milhões). Museus, parques, templos, arranha-céus e, principalmente, preços atrativos em enormes *shopping centers* e distritos comerciais trazem hordas de turistas, a maioria vindos de países asiáticos.

No aspecto religioso e populacional, dois terços dos malaios são adeptos do islamismo sunita e os demais dividem-se, sobretudo, entre hindus, cristãos e budistas. Um quarto da população tem origem chinesa, representando o maior número de oriundos da nação de Confúcio entre os países do sudeste asiático, na chamada diáspora chinesa. Na área de direitos humanos, infelizmente, a Malásia ainda deixa a desejar. A homossexualidade é ilegal, a pena de morte é frequentemente utilizada e métodos medievais como a surra com vara de bambu são práticas correntes no sistema judiciário.

Além da capital, percorri na Malásia locais pujantes do setor petrolífero, como Ipoh e Johor Bahru, e não posso deixar de citar a lendária Málaca, cidade capturada por navegantes lusitanos em 1511 e onde ainda se fala um dialeto derivado do português. O local dá nome ao estreito entre a Malásia e a Indonésia, por onde atualmente passa 40% do tráfego marítimo mundial.

Alcançar o topo de prédios nunca fez parte da minha lista de desejos. Pessoalmente, não vejo nada de extraordinário nas vistas ofertadas por megaedifícios. Voltando à pergunta inicial, é claro que arranha-céus por si só não são sinal de abundância e muito menos de desenvolvimento sustentável. Citando um exemplo próximo, uma cidade da orla catarinense tem 6 dos 10 edifícios mais altos do Brasil, em um desvario arquitetônico onde as construções à beira-mar escondem o sol da praia no final da tarde e, graças a um precário planejamento sanitário na região, milhões de litros de esgoto são despejados nas águas da baía que já foi um dos locais mais bonitos da costa brasileira.

Na Ásia, contudo, a proliferação de megaconstruções é apenas um dos exuberantes exemplos do desenvolvimento acelerado e sustentável, que parece estar engolindo o Ocidente a passos largos. A China e o sudeste asiático, de forma relativamente discreta, avançam econômica e culturalmente sobre o resto do mundo, em um caminho sem volta que influenciará, pelo menos, as próximas gerações. A propósito, arrisco fazer uma previsão – espero estar errado –, baseada na experiência de lidar com países asiáticos que seguem enriquecendo: quem acha os Estados Unidos demasiadamente arrogantes e exploradores em sua dominação cultural e econômica, possivelmente sentirá saudade dos americanos dentro de poucas décadas.

MANILA, FILIPINAS

Sonhos e excessos na pérola do Oriente

Ocupado há milhares de anos por povos vindos de regiões vizinhas, o arquipélago das Filipinas foi colonizado pelo Ocidente por mais de quatro séculos antes de se tornar um país unificado e independente, o que só aconteceu há menos de 80 anos.

Primeiro europeu a chegar às ilhas, em 1521, Fernão de Magalhães (1480-1521) navegou da península ibérica até o sul das Américas, descobriu a passagem marítima (estreito) que leva seu nome e dali cruzou o Pacífico (como Fernão batizou o maior dos oceanos). O português, a serviço da monarquia castelhana, declarou que as 7 mil ilhas do atual território filipino eram de propriedade espanhola. Magalhães acabou morrendo naquele mesmo ano em uma batalha com um dos povos locais. Em 1543, o arquipélago passou a se chamar Filipinas, em homenagem ao rei espanhol Felipe II (1527-1598). Em 1572, Manila foi fundada como capital da colônia que foi espanhola por mais de três séculos.

A densamente povoada metrópole de 12 milhões de habitantes orbita em torno da cidadela conhecida como Intramuros, centro político, cultural e religioso do período espanhol. As muralhas e o Forte Santiago proporcionam uma viagem no tempo. A catedral, construída em estilo barroco no século 16, possui magníficas pinturas e esculturas. Ali, testemunhei a força do catolicismo no país, participando de uma animada missa dominical.

Fora dos muros da cidade antiga, o parque José Rizal é um dos maiores da Ásia, em torno do monumento que marca o local onde o maior herói nacional foi executado. Uma atração à parte é o transporte público, dominado pelos *Jeepneys*, veículos militares abandonados pelos americanos convertidos em coloridos e decorados meios de transporte para a população. Um deles levou-me até o bairro chinês (Chinatown) de Manila, o mais antigo do mundo, com mais de 400 anos. A diversidade de etnias reflete-se também nas mais de 170 línguas faladas no país. As oficiais são o tagalog, idioma nativo que incorporou várias palavras do espanhol, e o inglês, falado por mais da metade da população.

O sonho de se tornar um país livre cresceu no final do século 19. Uma rebelião explodiu quando o eminente escritor José Rizal (1861-1896) foi injustamente condenado por traição e fuzilado pelos espanhóis. Quando parecia que o jugo colonial estava com os dias contados, a Guerra Hispano-americana fez com que os Estados Unidos capturassem Manila em 1898, assumindo o controle da colônia. Em 1935, o presidente Roosevelt prometeu que a independência aconteceria até 1945. O que não estava nos planos era a invasão japonesa do arquipélago em 1942, durante a Segunda Guerra Mundial. Com o fim do conflito, os americanos retomaram o controle, e em 1946 as Filipinas se tornaram finalmente um país independente.

Após um início relativamente democrático, a eleição de Ferdinand Marcos em 1965 resultou em aumento da corrupção e do autoritarismo, coroado pela lei marcial de 1972. A ditadura de Marcos foi marcada por perseguições políticas, assassinatos de opositores e violação dos direitos humanos. Em 1986, uma revolução popular causou a fuga do ditador para os Estados Unidos, levando dezenas de caixotes de dinheiro vivo, joias e documentos. Na casa do ex-presidente, ainda foram encontradas inúmeras provas de enriquecimento ilícito. A mais inusitada, os 2.700 pares de sapatos deixados para trás por Imelda Marcos, a esposa do ditador. Os calçados estão hoje em um museu da capital.

A colonização, como mostram inúmeros exemplos da história, é um processo de mão única. O colonizador extrai o máximo, fornecendo em troca o mínimo necessário para que o colonizado siga respirando. As consequências são duradouras e a recuperação, quando acontece, é lenta e gradual.

Mostrando que o povo por vezes escolhe os próprios algozes, Rodrigo Duterte foi eleito presidente em 2016. Assassino confesso e promotor de esquadrões da morte, o fanfarrão Duterte pautou seu mandato pela divisão, pelo negacionismo e por polêmicos embates domésticos e internacionais. Em 2022, sua filha Sara foi eleita vice-presidente na chapa de ninguém menos que Bongbong Marcos, filho do ex-ditador Ferdinand. São indícios de que a nação ainda tem um longo caminho a trilhar no rumo da maturidade política e da democracia plena.

SEUL, COREIA DO SUL

Educação, disciplina e prosperidade

Em 2002, passei semanas trabalhando na Coreia do Sul, por sorte durante a Copa do Mundo daquele ano. O que vivi em estádios, ruas e com famílias que conheci expandiu a admiração profissional que eu já tinha pelos coreanos para outros aspectos do cotidiano. A serenidade, a solidariedade e a simpatia – influências da filosofia confucionista – nunca deixaram de me encantar nas dezenas de viagens ao país durante as duas últimas décadas.

A península coreana, unificada no século 7, foi governada por diferentes dinastias até 1910, ano em que o Império do Japão anexou o território. Até a rendição japonesa na Segunda Guerra, um período brutal buscou reprimir a tradição, a língua e a eficiente escrita locais. O sofrimento, contudo, acabou alimentando uma identidade ainda mais vigorosa na pequena nação. O esforço e o sacrifício de heróis coreanos são reverenciados em um dos locais mais visitados da capital: a Prisão-Museu de Seodaemun, onde japoneses prenderam e torturaram dirigentes e membros da resistência, muitos dos quais se tornariam importantes líderes na segunda metade do século 20.

Outro ponto de grande interesse histórico e cultural é o magnífico complexo de construções e jardins do Palácio Gyeongbok, construído em 1395 pela dinastia Joseon. Destruído pelos japoneses, o local foi reerguido nas últimas três décadas.

Após a libertação do jugo nipônico, a ocupação política da península entre a União Soviética e os Estados Unidos causou a lamentável divisão de uma civilização, apartada pela sede de poder de Moscou e Washington. Em 1950, sul e norte entraram em um conflito que persiste até hoje, ainda que abrandado pelo armistício de 1953. O que se seguiu foi a instalação de ditaduras repressivas nas duas Coreias, levando um mesmo povo por caminhos bem diferentes. No sul, períodos autoritários civis e militares duraram até 1987, quando uma revolta popular conquistou eleições livres e transformou o país em uma das democracias mais estáveis e prósperas da atualidade.

Seul está muito próxima ao Paralelo 38, referência que marca a tensa fronteira entre as duas Coreias. A aliança com os Estados Unidos resultou na presença constante de mais de 30 mil soldados americanos no território da República da Coreia, nome oficial da Coreia do Sul. Aliás, a Coreia do Norte é, oficialmente, a República Popular Democrática da Coreia, mais um indício de que, quando um país tem a palavra "democrática" no nome, convém desconfiar.

Meca da tecnologia, Seul é uma das maiores metrópoles do planeta, concentrando a metade dos 52 milhões de sul-coreanos. A cidade e o país tornaram-se mais conhecidos a partir da Olimpíada de 1988 e, posteriormente, pelas exportações de veículos (Hyunday, Kia), produtos eletrônicos (Samsung, LG) e pela tendência conhecida como K-Pop, popularizada a partir da canção "Gangnam Style", do coreano

PSY. Gangnam é o distrito mais nobre de Seul e um popular ponto de encontro dos jovens mais abastados.

Até o final dos anos 1970, Seul era a sede de uma economia arrasada, entre as mais pobres do mundo. Um esforço concentrado da população, baseado em educação de excelência e industrialização focada na exportação de alta tecnologia, trouxe crescimento exponencial nas décadas seguintes, transformando o país em um dos Tigres Asiáticos. Há 50 anos, a Coreia do Sul tinha um terço do PIB *per capita* do Brasil. Hoje, o país asiático tem um número três vezes maior que o brasileiro.

Mais uma vez, é preciso louvar o investimento do governo coreano em educação nas últimas cinco décadas. Em 2022, por exemplo, a despesa nessa área foi de 450 bilhões de reais, ou cerca de 9 mil reais por habitante, cifra 15 vezes maior que a brasileira. A obsessão por educação colocou o país nas melhores posições no Índice de Desenvolvimento Humano, à frente dos Estados Unidos.

O esforço de uma geração catapultou uma nação com poucos recursos naturais à condição de um dos países mais desenvolvidos do mundo. Em conversas com os nativos, noto que a educação dos filhos assume prioridade máxima, valorização que se reflete nos bons salários e no respeito aos professores. Um ótimo exemplo para o Brasil e, quem sabe, nossa maior oportunidade. Numa profecia que se realiza diariamente em nosso país, Leonel Brizola costumava dizer a políticos e economistas que achavam seus projetos educacionais muito onerosos: "Cara mesmo é a ignorância!"

CALICUTE, ÍNDIA

O pórtico da dominação europeia

Ao chegar em Calicute (*Kozhikode*), poucos dias antes do Mundial do Catar, fiquei espantado com a quantidade de bandeiras brasileiras pelas ruas e com tantos nativos vestindo a camisa da CBF. A popularidade do futebol nos estados indianos de Querala e Goa destoa do restante da Índia, onde impera o fanatismo por outra invenção britânica: o críquete. Situada sobre a bela Costa do Malabar, no sudoeste do país, a cidade é banhada pelo Mar da Arábia e por uma infinidade de rios e pântanos em meio a colinas verdejantes. A região guarda ainda certa relação com o descobrimento do Brasil.

No século 15, a Índia era uma série de reinos que viviam em paz havia séculos, todos bem mais adiantados cultural e politicamente do que a Europa. Foi nessa costa tomada por coqueiros que, em maio de 1498, aportou Vasco da Gama. O navegador saiu de Lisboa em julho de 1497, com 4 navios e 170 marinheiros, dos quais 116 morreriam antes do retorno a Portugal. A caminho do Cabo da Boa Esperança, a frota abriu a rota a sudoeste de Cabo Verde e ali avistou aves que pareciam vir de terra firme, informação passada mais tarde a outro comandante português, o fidalgo Pedro Álvares Cabral.

Chegar às Índias era uma obsessão da monarquia lusitana. Os venezianos haviam se associado ao Império Turco-Otomano, com sede em Constantinopla, e monopolizavam o lucrativo comércio de especiarias orientais na Europa ocidental. Portugal, financiado por florentinos e genoveses, arqui-inimigos de Veneza, precisava encontrar um caminho marítimo para a Ásia, motivado pela passagem ao sul da África descoberta em 1488 por Bartolomeu Dias. Ao chegar a Calicute, orientado por um piloto hindu capturado na África, Vasco da Gama torna-se o primeiro europeu a navegar até a Ásia, inaugurando o período conhecido como Dominação Europeia Mundial.

Os portugueses foram recebidos por um povo pacífico e culto de um reino comandado pelo Samorim, o monarca local. Da Gama logo tratou de encontrar o soberano e presenteá-lo com regalos baratos diante do ouro e das vestes luxuosas que decoravam o líder hindu. Desconhecedor do milenar hinduísmo, o português ainda cometeu uma série de gafes culturais e religiosas.

Humilhado e sem obter autorização para abrir rotas comerciais com os indianos, Vasco da Gama foi ainda assim recebido como herói em Portugal, munido de amostras das especiarias orientais trazidas de Calicute. Como a abertura do comércio tinha fracassado pela via pacífica, o Rei Manuel I, O Venturoso, decidiu resolver o assunto pela força, mandando para a Índia uma esquadra com 13 navios carregados de presentes mais valiosos para o Samorim e, é claro, armas e canhões para um eventual confronto com os hindus e com mercadores árabes, que tinham livre trânsito em Calicute. O comandante, desta vez, foi Pedro Álvares Cabral que, de quebra, fez uma escala no sul da Bahia que ficaria conhecida como o "Descobrimento do Brasil".

Em 13 de setembro de 1500, Cabral invadiu Calicute e fundou uma feitoria. Hindus e árabes uniram suas forças contra os agressores e os portugueses foram obrigados a fugir, sofrendo inúmeras perdas humanas, como a do escritor Pero Vaz de Caminha, autor da primeira descrição europeia do Brasil. O rei português não desistiu e, em 1502, Vasco da Gama volta à Índia em uma expedição definitiva, marcada pela crueldade e pela brutalidade dos portugueses, que se estabeleceram e só sairiam de seu último território na Índia em 1961. Em 1524, Vasco ainda retornou à Índia como Vice-Rei e lá morreu no mesmo ano, após contrair malária. Até hoje, os indianos de Querala o consideram um grande vilão.

A Costa do Malabar impressiona pelas paisagens, pelo povo hospitaleiro e letrado e pela saborosa culinária, influenciada por cinco séculos de intercâmbio com judeus, árabes e cristãos. Considerado o estado mais limpo e organizado da Índia e meca da medicina tradicional indiana (Aiurveda), Querala tem o melhor índice de alfabetização, a maior expectativa de vida e os menores níveis de corrupção do país. O que pode surpreender alguns é o fato de o governo estadual, eleito em pleitos democráticos, multipartidários e respeitados sempre pelos vencidos, ser ocupado há quase quatro décadas pelos dois principais partidos comunistas da Índia, baseados em modernos conceitos de democracia social. Ou seja, entre os fãs da seleção que encontrei no sudoeste indiano e algumas pessoas que tenho visto nas notícias brasileiras, o único ponto em comum parece ser mesmo a camisa canarinho.

UZBEQUISTÃO

Um fascinante tecido cultural

Poucos lugares têm um passado tão interessante e complexo como a Ásia Central e, em particular, o Uzbequistão, país mais populoso da região. Mesmo com muita pesquisa, pareceu-me impossível entender com profundidade a formação cultural do vasto território. Pelo menos era o que eu achava até entrar em contato com a poesia da Transoxania – nome histórico da região – e, já com os pés em solo uzbeque, mergulhar no Bazar Chorsu, enorme mercado público da capital Tashkent.

Em agosto de 1991, o Uzbequistão foi o primeiro estado independente surgido com o colapso da União Soviética. Com 30 milhões de habitantes, o país é duplamente isolado de mares e oceanos, já que seus vizinhos também não têm costa marítima. O único país na mesma situação é o minúsculo Liechtenstein, cercado pela Suíça.

A bandeira uzbeque já é uma lição cultural. Nela, estão representados o azul dos povos turco-mongóis, o branco dos muçulmanos sunitas e o verde, que retrata a natureza da região. Aparecem ainda no estandarte a meia-lua do Islã e doze estrelas, simbolizando o pioneirismo na astronomia.

Os árabes conquistaram a região no século 8 e trouxeram com eles o Islã, religião predominante no país. Em 1220, a chegada avassaladora de Gengis Khan e suas tropas arrasou as principais cidades, criando um hiato cultural que só se fechou quando, em 1363, o turco-mongol Amir Timur (1336-1405) e seus exércitos nômades uniram o país e expulsaram os mongóis. O poderoso Império Timúrida expandiu-se da Síria e sul da Rússia até a Índia, alimentado pela fúria expansionista de seu líder e pela riqueza que percorria a Rota da Seda.

Em Tashkent, uma estátua equestre do maior herói nacional ocupa o centro da praça principal. A pujança de Timur e de seus descendentes, que ainda formaram o Império Mogul no norte indiano, gerou enorme produção cultural, evidente, por exemplo, no Forte Vermelho de Delhi, ou no mausoléu Taj Mahal de Agra, joia maior da arte muçulmana na Índia e no mundo. No Uzbequistão, a glória do Império Timúrida reina esplendorosamente na antiga capital Samarcanda.

Tashkent tornou-se a capital uzbeque após a ocupação da Rússia tsarista em meados do século 19 e, posteriormente, com os soviéticos. Um terremoto dizimou grande parte da cidade em 1966, e a reconstrução deixou predominantemente a exuberante e brutal arquitetura soviética. Um dos legados positivos dos comunistas para a cidade de 2,5 milhões de habitantes foi o eficiente metrô e suas belíssimas estações. Uma herança negativa foi o redirecionamento dos principais rios que alimentavam o Mar de Aral para a agricultura do sul da Rússia, reduzindo o lago a um terço de sua superfície original.

Com a independência, em 1991, foi eleito presidente o antigo secretário do Partido Comunista, Islam Karimov, ficando no poder de forma autoritária até morrer, em 2016. Seu fiel primeiro-ministro, Shavkat Mirziyoyev, assumiu o poder em uma eleição manipulada.

Tashkent é um dos maiores centros da tradição islâmica, com belíssimas mesquitas, monumentos e madraças (escolas de ciência e formação religiosa). O vasto Complexo Hazrati Iman impressiona pela riqueza artística e cultural. No local, pude ver o mais antigo manuscrito do Corão, composto e decorado em 655 d.C., sobre 338 páginas gigantes de couro de cervo.

Como não me canso de repetir, o mercado público pode ser um complemento necessário para qualquer estudo histórico. No imenso Bazar Chorsu, caminhando entre temperos, carnes, queijos, frutas e nozes, interagi com a fusão de persas, russos, turcos, mongóis, chineses e árabes que forma o simpático povo local. Sorrisos e boas conversas finalmente conectaram fatos e preencheram vazios na incrível teia cultural do Uzbequistão, traduzindo uma fascinante história de conquistas, ocupações e influências em uma das regiões mais interessantes e pouco exploradas do planeta.

Samarcanda – ciência, poder e poesia na capital imperial

"O tempo tem duas faces, duas dimensões. Sua extensão é medida pelo ritmo do sol. Sua profundidade, porém, é regida pelo compasso da paixão."

A frase é de Omar Khayyam (1048-1131), poeta, matemático, astrônomo e filósofo que passou a juventude e o início da vida adulta em Samarcanda, cidade uzbeque que é uma das mais antigas ainda habitadas do mundo. O polímata persa foi fruto de um dos maiores cruzamentos de culturas da história. Há quase um milênio, Omar calculou o tempo que a Terra leva para dar uma volta no sol com precisão de segundos, determinando as regras dos anos bissextos no calendário Jalali, ainda em uso no Irã. No Ocidente, tal ajuste só se deu cinco séculos depois, com a adoção do calendário Gregoriano.

No Tratado de Álgebra, escrito em Samarcanda, Khayyam concebeu a teoria geral das equações cúbicas, e por isso deveria ser considerado o pai da geometria analítica (Descartes só nasceria 500 anos depois). Em equações de uma variável, ele usava o termo *xai*, "coisa" em árabe, para descrever a incógnita. Mais tarde, espanhóis passaram a usar a primeira letra da palavra e, assim, o 'x' tornou-se símbolo universal do fator desconhecido nas equações. Além da astronomia e da matemática, Khayyam ficou eternizado no 'Rubaiyat', sua magnífica coleção de quartetos poéticos.

Na mesma região e no mesmo período, viveu Hassan Sabbah (1050-1124), líder da Ordem dos Ismailis. Em 1090, Hassan tomou o forte de Alamut, no atual Irã, que se tornou sede da temida seita. A prática da ordem não era baseada em ataques em grande escala, mas na execução de chefes rivais através da infiltração de seus seguidores nas fileiras inimigas. A missão, para a qual eram altamente treinados, era executar o líder adversário com uma adaga, em ataques invariavelmente suicidas. Sabbah chamava seus discípulos de Assassiyun (os fiéis da *assass*, o fundamento da fé). Desde então, a palavra "assassino" e suas variações foram incorporadas em quase todas as línguas ocidentais.

A região sofreu com a brutalidade de Gengis Khan e de seus descendentes, dominação que encerraria, em 1363, graças a Amir Timur, que fez com que Samarcanda ressurgisse das cinzas para se tornar a capital de um vasto império. Embora fosse um invasor impiedoso, que costumava construir altas pirâmides com as caveiras dos povos invadidos, Timur destoava dos mongóis por ser afeito à arte e à cultura. Os melhores artistas, arquitetos, escritores e cientistas que encontrava eram trazidos para Samarcanda, que se tornou a cidade mais rica e interessante de seu tempo.

A região tem pontos de grande interesse, além do fascinante ambiente da cidade antiga, onde até hoje se respira a magia da era timúrida e da Rota da Seda. Na vasta Praça Reguistão, três madraças formam o local mais simbólico. A mais antiga, de 1417, é a de Ulugue Begue, neto do herói nacional. Além de soberano, ele foi professor e projetou um sofisticado observatório, hoje em ruínas.

O Mausoléu do Emir (Gur-e-Amir) contém a tumba de Timur. A impressionante arquitetura do lugar serviu de inspiração para outros mausoléus erigidos por sua prole, como o Taj Mahal, na Índia. Outro local espetacular é a necrópole de Shahi Zinda, sob cujas magníficas cúpulas repousam familiares de Timur e seus chefes militares. Como nas demais obras históricas da região, fiquei perplexo com a esplêndida decoração, sempre carregada de significado político e religioso.

Mergulhada na poesia e na filosofia de Omar Khayyam, sob os monumentos do conquistador Amir Timur e seus descendentes, Samarcanda respira tranquilidade. Tendo passado por glória e riqueza, assim como por sofrimento e dominação, o coletivo parece entender que sabedoria e virtude valem infinitamente mais do que opulência e abundância.

Iniciei com as palavras de Omar Khayyam que ecoam o duplo conceito grego do tempo (*Chronos e Kairós*), perdido nas línguas ocidentais. No dia em que se intensificava mais um conflito no Oriente Médio, saí de Samarcanda com um utópico desejo: o de que líderes e liderados lembrassem que, apesar de todos os avanços conquistados no tempo cronológico, para o tempo profundo e passional nada importa mais do que serenidade, justiça e humanidade.

QUIRGUISTÃO

Cultura milenar e natureza preservada

O Épico de Manas é um poema de 500 mil versos que conta a história da unificação de 40 tribos nomádicas do povo quirguiz no século 9. "Qirguiz", aliás, significa "os quarenta" na língua turcomana local. O líder de tal feito, Manas, é o maior herói popular dos seis milhões de habitantes deste pequeno país desprovido de costa marítima. O lendário ancestral tem várias estátuas na capital Bishkek (ou Bisqueque) e dá nome ao principal aeroporto do país.

Os quirguizes são o mais antigo povo de origem túrquica conhecido e viviam nas estepes do leste siberiano já no século 3. Em 840, a nação quirguiz migrou para o sul e estabeleceu-se no território que hoje é o Quirguistão, dominando ainda uma vasta região que incluía a Mongólia, o sul da Rússia e partes do norte e do noroeste chinês. No século 12, o império acabou dissolvido pela fúria imperialista de Gengis Khan.

A partir dali, os quirguizes levaram uma vida pacata, dedicada à agropecuária e aos rituais xamânicos que emanavam dos *yurts*, tendas circulares até hoje em uso no interior do país. Em 1755, com os mongóis finalmente derrotados em outra frente pelos chineses, seguiu-se o reino (canado) uzbeque, que introduziu o islamismo em território quirguiz. Atualmente, cerca de 80% da população do Quirguistão é muçulmana.

Em 1876, a Rússia czarista avançou sobre toda a Ásia Central e o Quirguistão não foi exceção. Em 1936, formou-se a República Socialista Soviética Quirguiz, iniciando um período em que o país se modernizou e avançou economicamente. Em 1991, com a queda da cortina de ferro, a nação tornou-se independente, mesmo que contra a vontade da maioria da população. Nas três décadas seguintes, o país viu-se mergulhado em crises políticas e corrupção, que culminaram em revoltas populares. A Revolução Das Tulipas, em 2005, depôs o primeiro presidente, Askar Akayev e, em 2010, apesar da violenta repressão policial, o povo forçou o exílio do segundo mandatário, Kurmanbek Babiyev. Desde 2021, existe uma relativa estabilidade política.

Os quirguizes enxergam os anos do período comunista com certa reverência e ainda há estátuas de Lenin em destaque pelo país. As pessoas com quem conversei pelas ruas ou no imenso e animado Bazar Osh explicaram-me que a União Soviética contribuiu para o desenvolvimento do país que, até então, era pobre e estagnado. Passado esse capítulo, o Quirguistão é hoje uma nação democrática com eleições livres.

Na enorme Bishkek, onde moram um quinto dos habitantes do país, encontrei um povo muito hospitaleiro e simpático. Durante o período soviético, a cidade chamava-se Frunze, em homenagem ao bolchevique quirguiz Mikhail Frunze. O revolucionário nativo da capital, que está sepultado na necrópole do Kremlin, em Moscou, era um fiel escudeiro de Vladimir Lenin e Leon Trotsky. Um interessante museu na região central de Bishkek leva seu nome e expõe lembranças e histórias da fase soviética.

Em um país com 90% do território coberto por montanhas, impressionaram-me as belíssimas paisagens, geleiras e milhares de lagos, que rendem ao país o apelido de Suíça da Ásia Central. O Quirguistão oferece cultura, aventura e belezas naturais aos poucos turistas que o visitam. O povo, talvez pela origem nômade e por sua relação milenar com a natureza, optou por preservar florestas e recursos hídricos em vez de devastá-los em nome de um míope desenvolvimento. Apesar de ter o segundo PIB *per capita* mais baixo da Ásia Central, não vi pobreza por onde andei. A vida rural de subsistência de boa parte da população e uma distribuição de renda bastante homogênea podem ser alguns dos motivos.

Em muitos países, a frieza de indicadores econômicos mascara, por vezes, uma triste realidade de concentração de renda e de desigualdade social. No Quirguistão, vi opulência somente na arquitetura brutalista de museus, monumentos e prédios públicos. No dia a dia dos cidadãos, não percebi extravagância e consumismo. Nas palavras simples e nos olhos asiáticos dos atenciosos quirguizes, o que senti foi dignidade, consciência ambiental e contagiante serenidade.

TAJIQUISTÃO

Os confins da cultura persa

Por serem remotos, pouco conhecidos e pelo passado relativamente recente ligado aos domínios mongol, russo e soviético, pode parecer que os países da Ásia Central são muito parecidos. Porém, embora tenham em comum a hospitalidade e a gentileza de seus povos, os "stão" são resultado de ocupações e civilizações diferentes, o que dá identidade própria a cada uma das nações.

Ao desembarcar em Duxambé, a arborizada capital do Tajiquistão, constatei novamente as saudáveis diferenças culturais que fazem dessa região do mundo um tesouro histórico. Enquanto os vizinhos Quirguistão e Cazaquistão são originários de migrações de povos túrquicos, o Tajiquistão reflete a influência persa, tanto na língua tajique, uma variação do farsi, quanto nos costumes. A nação cultua a doutrina de Avicena (980-1037), pai da medicina moderna e da filosofia islâmica, e a literatura persa, com o poeta tajique Rudaki (858-940) e o multifacetado Omar Khayyam (1048-1131) como principais expoentes.

A primeira grande ocupação do território tajique foi a do Reino Aquemênida. Transformado em império em 550 a.C. por Ciro, o Grande, a partir de Pasárgada (no atual Irã), esse primeiro domínio persa deixou o maior legado cultural no Tajiquistão, que se reflete na língua, na culinária e no espírito da nação. Seguiram-se as colonizações mongol e timúrida, antes da Rússia czarista ocupar a região que depois se tornaria uma das repúblicas soviéticas.

Com a desintegração da URSS, o Tajiquistão tornou-se uma república independente, em 1991. Em 1994, em meio a uma guerra civil, Emomali Rahmon assumiu a presidência do país. Três décadas depois, ele segue no comando do governo, com um histórico sombrio de autoritarismo alinhado à Rússia de Vladimir Putin.

O patrimonialismo e o culto à personalidade ficaram evidentes na visita à capital Duxambé. No imponente Museu Nacional do Tajiquistão, em meio à rica arte e aos registros históricos do país, pinturas e fotografias do atual presidente estão por toda a parte. Próximo dali, o magnífico palácio Kohi Navuz foi concluído em 2014 para receber cerimônias nacionais e autoridades estrangeiras. Chamou-me a atenção, em um dos vários salões impecavelmente decorados em diferentes estilos persas, um mosaico em posição de destaque com a figura de Emomali Rahmon ao lado de sua mãe. A mensagem, nada subliminar, é a mesma do rei francês Luís XIV: "O estado sou eu".

Deixando o totalitarismo de lado, caminhar pelas largas avenidas, pelos enormes parques da capital e pelo exuberante interior do montanhoso país permite um contato direto com o povo e com a fascinante cultura de uma nação que recebe pouquíssimos turistas.

Assim falou Zaratustra

Quando falamos em monoteísmo, pensamos automaticamente nas três grandes religiões abraâmicas. A crença em um só Deus, contudo, parece ter origem no zoroastrismo, religião ainda mais antiga e que tem hoje cerca de 300 mil fiéis no mundo. Em termos proporcionais, o Tajiquistão é o país com maior concentração de zoroastristas. Embora seja predominantemente muçulmano desde o século 8, o zoroastrismo permanece como um dos pilares da base moral e cultural do país.

O monoteísmo não é o único ponto em comum. Como o judaísmo de Moisés, o cristianismo de Jesus de Nazaré e o islamismo de Maomé, no zoroastrismo as ideias do profeta iraniano do século 13 a.C., Zoroastro – Zaratustra, em persa antigo –, formou a base dos textos religiosos conhecidos como Avesta. Neles, o universo é visto de forma dualística, dividido entre Asha (o bem, a verdade) e Druj (o mal, a mentira).

Contemporaneamente, a inspiração vai além da religião. No prelúdio de *Also Sprach Zarathustra*, de Richard Strauss (1864-1949), as primeiras cinco notas ficaram eternizadas pelo filme *2001, Uma Odisseia no Espaço*, de Stanley Kubrick. A composição, que aparece ainda em outras trilhas e até em uma música do grupo britânico Deep Purple, foi baseada no livro homônimo de Friedriech Nietzsche (1844-1900). Escrita 15 anos antes do poema sinfônico de Strauss, a obra de Nietzsche introduz o conceito utópico do super-homem (*übermensch*), abandonando a ideia ascética de separação entre corpo e alma.

No texto do filósofo prussiano, Zaratustra mostra-se inconformado com o fato de a mediocridade humana ser recorrente e incurável. Nos dias atuais, o profeta talvez tivesse que se resignar definitivamente.

AZERBAIJÃO

Nutrido pelo fogo e pela tradição

Uma das formas de absorver o espírito de uma nação é entender sua relação com os vizinhos de fronteira. O Azerbaijão, pequeno país entre a Ásia Central e a Europa Oriental, mantém com a Rússia uma mistura de respeito e temor diante da história passada e presente. Com a Geórgia e o Irã, há um amistoso convívio. Animosidade e recentes conflitos territoriais em torno do enclave étnico e cristão da República de Artsaque (Nagorno-Karabakh, internacionalmente reconhecido com parte do Azerbaijão) marcam a relação com a Armênia. Por último, com a Turquia, existe uma amizade fraternal de duas nações que dividem tradições turcomanas, língua (o azerbaijani e o turco são quase intercambiáveis) e a religião muçulmana – de maioria xiita no Azerbaijão e sunita na Turquia, com ambos os estados oficialmente laicos.

Embora não tenha acesso ao oceano, o imenso Mar Cáspio, maior lago do mundo, proporciona a riqueza mineral que desenvolve o jovem país. Às margens do Cáspio, a capital Bacu é uma amostra da rapidez do desenvolvimento das últimas décadas. Há 40 anos, a cidade era um povoado de 40 mil habitantes. Hoje, 2 milhões de pessoas usufruem de excelente infraestrutura, modernas construções e ótimo acesso à educação, à saúde e ao lazer, alimentados por petrodólares.

O território do Azerbaijão fez parte dos Impérios Persa, Aquemênida e Timúrida no sempre disputado sul do Cáucaso. No século 19, a região fazia parte do Irã quando eclodiram as guerras entre os persas e o Império Russo, de 1804 até 1828. A região foi forçadamente cedida ao czar e permaneceu parte da Rússia até a revolução bolchevique. O colapso da Rússia Imperial foi a oportunidade que os azeris esperavam para proclamar a independência, em 1918. A alegria durou pouco porque, dois anos depois, o Exército Vermelho avançou sobre Bacu, convertendo o Azerbaijão em uma das repúblicas soviéticas.

A segunda e definitiva independência, mas não sem traumas, veio em agosto de 1991, com a queda da cortina de ferro. As batalhas com os russos deixaram marcas na população. Um dos locais que mais me impressionaram em Bacu foi a Alameda dos Mártires, um memorial e cemitério dedicado aos mortos nos conflitos com o exército soviético em 1990, durante o chamado Janeiro Negro.

Embora o país seja secular, a religião sempre teve forte influência. Antes do Islã, o zoroastrianismo era a principal crença. Os avestas de Zaratustra geraram a cultura e até o nome do país, adotado em 1918: o nome Azerbaijão deriva do farsi antigo e significa "protetor do fogo", elemento sagrado naquela que foi a primeira religião monoteísta do mundo, trazida pelo Império Aquemênida.

Uma viagem pelos arredores de Bacu proporciona múltiplas experiências. Vulcões de lama gerados pelo gás natural subterrâneo, montanhas que ardem em chamas há séculos, templos milenares do zoroastrianismo, belíssimas mesquitas e uma geografia desértica irregular que percorri em um antigo e possante Lada Niva russo. Parte dos muros e portões da capital permanecem imponentes até hoje. A Torre da Donzela e o Palácio dos Xás de Xirvão são as construções mais famosas, construídas entre os séculos 10 e 12.

O país iniciou de forma democrática, com um governante eleito pela primeira vez na história da região, em 1991. Menos de dois anos depois, contudo, uma insurreição militar trouxe de volta ao poder o antigo líder da república soviética, Heydar Aliyev, homenageado com o nome do principal aeroporto do país, em Bacu. Embora tenha eleições, na prática, o país tornou-se uma ditadura, com partido dominante, sem liberdade de imprensa e com limitada liberdade de expressão. O presidente que sucedeu a Heydar foi seu filho, Ilham Aliyev.

A riqueza do país veio com a exploração de petróleo e gás natural, iniciada no século 19 e radicalmente acelerada nos anos 1970. Os hidrocarbonetos da costa e das águas profundas do Mar Cáspio representam 92% do PIB do Azerbaijão. Como em outras ditaduras e oligarquias mundiais, o resto do mundo tolera governos ditatoriais quando o país tem riquezas minerais e poder econômico que o alinhe aos interesses das grandes potências. Em conversas com os simpáticos azeris, notei uma inicial conformação com a situação política, seguida de um desabafo contido que reflete o desejo por uma democracia de fato.

PARTE 2
MUNDO ÁRABE

DUBAI, EMIRADOS ÁRABES UNIDOS

Sonho, sorte e sacrifício no deserto

Uma vila de pescadores em um oceano de areia que se transformou rapidamente em cidade futurística parece tema de alguma obra distópica. Dubai é um milagre urbano que espanta os que desembarcam pela primeira vez em um dos maiores centros financeiros mundiais, erguida em menos de cinco décadas em um lugar onde a temperatura no verão passa dos 50 graus.

Dubai é uma subdivisão dos Emirados Árabes Unidos, país dominado geograficamente por Abu Dhabi, o maior dos principados da jovem nação, às margens do Golfo Pérsico. O clima impiedoso fez com que, por muitos séculos, o local fosse quase desabitado, até que a fortuna passou a bater à sua porta. A primeira grande sorte de Dubai foi tornar-se entreposto marítimo entre o Oriente e o Ocidente, com particular interesse do Império Britânico em criar uma rota segura até a Índia.

A britânica Companhia das Índias Ocidentais estabeleceu ali um protetorado no século 19, em um acordo com xeiques locais e, no caso de Dubai, com a família Al Maktoum, que governa o emirado até hoje. Em 1900, foi criada uma zona de livre comércio, atraindo negociantes persas e indianos, com o trânsito facilitado pelo canal natural de água salgada que permite que navios atraquem na cidade com facilidade.

No início do século 20, a exploração submarina de pérolas tornou-se a base da economia. Mesmo assim, o emirado ainda era um modesto vilarejo comparado a outros centros mundiais de comércio. Foi então que, em 1959, xeique Rashid Al Maktoum passou um período na Europa e alimentou o sonho de transformar Dubai em um grande centro urbano cosmopolita, com influência mínima da cultura árabe. Rashid investiu inicialmente na estrutura aeroportuária, que consumiu recursos a ponto de quase estagnar investimentos em outras obras.

A sorte chegou novamente em 1966, com a descoberta de petróleo. Embora as reservas de Dubai não sejam tão significativas, os petrodólares foram bem utilizados como fonte de investimento. Com a ajuda de arquitetos e engenheiros europeus, a cidade foi concebida para ser um centro de negócios, atraindo muitos estrangeiros, que hoje formam cerca de 97% da população do emirado.

Com a morte de Rashid, o filho Mohammed seguiu em ritmo ainda mais arrojado. Enquanto a maioria dos governos pensa em trilhos e estradas, os xeiques imaginaram Dubai como um encontro de vias aéreas. O imenso aeroporto foi modernizado e, em 1980, foi criada a companhia aérea Emirates, que, com a metade da frota global do maior avião de passageiros do mundo (A380), conecta o planeta via Dubai.

Em 2002, com a abertura da propriedade imobiliária para estrangeiros, os investimentos inundaram o emirado, que se tornou um enorme canteiro de obras. A modernidade da infraestrutura e o status de paraíso fiscal foram as sementes para que Dubai se tornasse um centro financeiro mundial.

Pessoalmente, acho Dubai excessivamente artificial e sem identidade. Fruto de um sonho familiar, foi construída e sustentada pelo petróleo, mas também pelo sacrifício de imigrantes de países pobres, muitas vezes mergulhados em dívidas e com passaportes apreendidos. Por outro lado, é preciso reconhecer a estratégia e a rapidez da execução dos xeiques, que transformaram a desértica região em ambicioso centro urbano.

Embora não esteja entre meus destinos prediletos, por achá-lo de gosto duvidoso e por vezes estrambólico, visito Dubai frequentemente a trabalho e preciso admitir que tenho mais admiração pelo local do que por uma badalada cidade catarinense que pensa imitar o emirado. Refletindo parte da mentalidade vigente no Brasil, a bela natureza do litoral catarinense transforma-se aos poucos em uma selva de concreto e vidro que projeta sua sinistra sombra na praia.

O deserto brasileiro não é de areia, mas sim cultural, e cresce com a mediocridade intelectual, o preconceito social e a desvalorização da arte e da ciência. Nossos arranha-céus são de corrupção estatal e privada, anti-intelectualismo orgulhoso e desigualdade. Para transformar tal realidade, as pérolas de desenvolvimento estão disponíveis, mas precisam ser pacientemente extraídas com educação de qualidade, justiça e originalidade de soluções. A sorte, quase sempre, aparece na interseção do sonho e do trabalho árduo para realizá-lo.

JORDÂNIA

A região que transcende o tempo

Com um olho no mapa do Oriente Médio e outro nos jornais, desembarquei com a família no Aeroporto Rainha Alia, ao sul de Amã. Em um raio de poucos quilômetros dali, seguiam os atrozes ataques de Israel em Gaza, mísseis do Hezbollah ameaçavam a antiga Galileia, um atentado de extremistas iraquianos havia matado soldados americanos na fronteira Síria-Jordânia e, mais ao sul, fogo cruzado entre americanos e radicais iemenitas no Mar Vermelho. Felizmente, havíamos tomado a decisão de prosseguir com a viagem.

A turbulenta vizinhança do Reino Hashemita da Jordânia é também a origem de seu povo acolhedor e simpático, formado majoritariamente por antigos povos árabes beduínos, imigrantes palestinos, iraquianos, sírios e egípcios. A nação, definida por linhas retas de uma caneta britânica em 1921, engloba uma geografia diversificada, entre desertos montanhosos, terras férteis, as profundezas do Mar Morto e fascinantes formações rochosas. Por onde passamos, a bandeira e as fotografias da família real são quase onipresentes, unindo a nação que congrega diferentes povos.

Na cidade de Madaba, importante centro eclesiástico do período bizantino, conhecemos o mais antigo original sobrevivente da cartografia da Terra Santa. O mosaico do século 6 no piso da igreja ortodoxa de São Jorge inclui Egito, Turquia, Síria e até detalhes dos locais santos do cristianismo em Jerusalém. O mapa também identifica e destaca a importância de nosso próximo destino naquele dia: Betânia do Além-Jordão (João, 1:28), local do batismo de Jesus Cristo por João Batista no rio que dá nome ao país. No caminho, passamos pelo lendário Monte Nebo (Deuteronômio), onde Moisés viveu seus últimos dias e de onde avistou Canaã, a terra prometida onde ele jamais entraria. Acredita-se que o líder do Êxodo Israelita esteja sepultado na montanha sagrada.

No local do batismo, também conhecido como Betabara ou Al-Maghtas, assim como em todos os lugares em que estivemos, havia pouquíssimos visitantes, amedrontados pelos conflitos vizinhos. A partir da Guerra dos Seis Dias, em 1967, a militarizada região de fronteira tornou-se inacessível, até que o acordo de paz entre Israel e Jordânia de 1994 possibilitou a criação de um bem organizado centro de peregrinação, inaugurado no ano 2000 pelo papa João Paulo II.

Na margem oriental do Rio Jordão, a bandeira jordaniana está frente a frente com a de Israel, em território palestino ocupado, na margem oposta, onde alguns fiéis estavam sendo batizados. Próximo dali, no Monte de Elias, tem-se uma vista panorâmica de Jericó, na Cisjordânia, uma das cidades habitadas mais antigas do mundo.

Seguindo o curso do rio, chegamos ao denso e salgado Mar Morto, a 437 metros abaixo do nível do mar. O uso do Jordão na agricultura diminui o nível do lago hipersalino em mais de um metro por ano. Na prática, o Mar Morto deve desaparecer dentro de três décadas.

Amã - Um caldeirão cultural

A capital dos amonitas dos tempos bíblicos (Rabbath--Ammon) também se chamou Filadélfia no período greco--romano. Hoje, a frenética Amã oferece um pano de fundo histórico que perpassa civilizações. Segundo as escrituras, o Rei Davi (em torno de 1000 a.C.) invadiu a cidade por duas vezes e ali encontrou a estonteante Betsabé, que, depois de uma história bastante controversa, tornou-se uma de suas esposas e mãe de Salomão, herdeiro do trono de Israel.

No início do século 20, a população de Amã resumia-se a 6 mil pessoas, quando os conflitos árabe-israelenses de 1948 e 1967 inundaram a cidade com refugiados árabes. Hoje, os palestinos são 70% dos 4 milhões de habitantes da capital que abriga um terço da população do país. No animado centro de Amã, a marca registrada é a hospitalidade. Navegamos pelo rumoroso, colorido e saboroso mercado público (souq), uma verdadeira festa para olhos, ouvidos e paladar.

O local histórico mais visitado de Amã é o anfiteatro romano, construído por Antonino Pio em 138 d.C. para abrigar 6 mil espectadores em vertiginosas arquibancadas. A Mesquita al-Husseini está no coração da cidade, local de oração construído sobre as fundações da antiga catedral bizantina de Filadélfia.

Do topo da cidadela (Jabal al-Qala'a), entre ruínas de palácios, templos e fortificações dos romanos e do califado omíada (século 7), a visão panorâmica ajuda a entender a intricada rede de ruas, mesquitas e ruínas que constituem a incrível capital jordaniana.

Petra – legado para a humanidade

Ao sul da capital Amã, em vez de tomar a moderna Rodovia do Deserto, escolhi percorrer cerca de 300 quilômetros por uma das estradas mais antigas do mundo, citada no Antigo Testamento como a rota seguida por Moisés e pelos israelitas no êxodo do Egito (Números, 20:17-21:22). Ligando Heliópolis (Cairo) a Damasco, na Síria, a Estrada do Rei conduz a um dos locais mais extraordinários que conheci e, possivelmente, o mais incrível legado urbano para a humanidade: a cidade de Petra.

Por 700 anos, Petra foi uma cidade perdida, exceto para algumas famílias que guardavam seu segredo. No início do século 19, o explorador Johann Burkhardt escutou beduínos falando do lugar e desconfiou tratar-se da lendária cidade bíblica (Reis, 14:7) de Sela, em hebraico, ou Petra, em grego (pedra). Disfarçado de peregrino árabe, Burkhardt convenceu um beduíno a guiá-lo até a bíblica capital de Edom, um lugar mítico que muitos pensavam nem existir.

Em 22 de agosto de 1812, o suíço caminhou os quase dois quilômetros de trilhas e estreitos desfiladeiros que constituíam a única entrada de Petra. Abismado com a magnificência do que viu, ele julgou precisar revelar ao mundo sua descoberta. Nos últimos dois séculos, a cidade tem sido admirada por arqueólogos, historiadores e levas de turistas, servindo ainda como cenário de filmes como Indiana Jones e a Última Cruzada, de 1989.

A presença humana em Petra iniciou-se pelo menos no século 8 a.C., com os edomitas. Dois séculos depois, há o primeiro registro da ocupação pelos nabateus, tribo de nômades árabes que tomou gradativamente o controle do comércio entre a baixa Arábia e as terras às margens dos rios Nilo, Tigre e

Eufrates. A protegida capital floresceu, chegando a ter 30 mil habitantes. Por três séculos, os nabateus esculpiram templos monumentais nas rosadas montanhas areníticas, inspirados em estilos aprendidos de egípcios, gregos e romanos.

A partir do ano 100, terremotos e a mudança nas rotas de comércio deterioraram gradualmente a cidade nos séculos seguintes. Após invasões romanas, bizantinas, árabes e finalmente dos cruzados, o declínio acentuou-se e Petra foi praticamente esquecida e abandonada, restando apenas alguns beduínos no local. Hoje, a maioria de seus descendentes reside na cidade adjacente de Wadi Musa. Alguns ainda habitam as cavernas esculpidas, vendendo lembranças, oferecendo passeios em jumentos e pastoreando as milhares de cabras que saltitam pelas íngremes encostas.

Os nabateus tinham apenas dois deuses: Dushara, deus da força, simbolizado pelas pedras esculpidas, e Al Uzza, deusa da fertilidade, representada pela água. A quantidade de templos e tumbas de Petra, contudo, parece infinita. Antes de entrar na cidade, ao longo do vale pontuado por câmaras mortuárias e templos esculpidos na rocha, observei os engenhosos aquedutos que portavam canos de cerâmica, levando água para o centro urbano e para a agricultura.

Os paredões de pedra de até 80 metros de altura, que formam o desfiladeiro de acesso à cidade (*siq*), vão aos poucos ficando mais estreitos, bloqueando a luz natural. É então que surgem, entre as frestas, as luminosas esculturas rosadas do Tesouro, tumba real de 40 metros de altura construída há 2 mil anos. É o monumento mais famoso da região. Digno de síndrome de Stendhal diante de tamanho esplendor, foi um dos poucos lugares que já visitei que tiraram meu fôlego por alguns segundos.

A partir dali, são dezenas de quilômetros de caminhada para conhecer as maravilhas de Petra. Destacam-se o Teatro Romano, com 3 mil lugares, as dezenas de tumbas reais, os banhos termais e os vastos templos. Uma escalada obrigatória é a que conduz a outro monumento, que faz valer as horas de escalada: o Monastério (*Ad-Deir*), com 50 metros de largura e 48 de altura.

Fotografias de Petra não representam minimamente o fantástico complexo construído pelos nabateus. A cidade é mais uma prova de que civilizações perdidas e avançadas podem nos ensinar tanto ou mais do que aquilo que hoje consideramos conhecimento moderno. Além da estrutura física, é admirável vislumbrar o vigor cultural e econômico de um povo que deixou tão fabuloso legado. Petra é um livro aberto, para quem souber lê-lo.

BAHREIN

Petróleo, pérolas e profetas

Na Grande Mesquita Al Fateh, o que seria uma rápida visita terminou em uma longa e agradável conversa com o bahreinita Bader, profissional de uma multinacional que, aos sábados, realiza atividade voluntária orientando visitantes no maior local de adoração do país. Além de teologia e símbolos, aprofundamos o debate acerca dos profetas do Islã e da relação com as mulheres. A mãe de Jesus, por exemplo, é tema de um capítulo inteiro (sura) no livro sagrado dos muçulmanos. Além de citá-la 34 vezes (a Bíblia cita Maria 19 vezes), o Alcorão a identifica como uma das mulheres mais extraordinárias que existiu e um modelo a ser seguido pelas mulheres muçulmanas. Sobre as raízes semíticas comuns das três grandes religiões monoteístas, discorremos sobre os principais profetas: Nu (Noé), Ibraim (Abraão), Muça (Moisés), Issa (Jesus Cristo) e o último profeta, este só para os muçulmanos: Maomé.

Do momento em que desembarquei no moderno aeroporto de Bahrein, em Al Muharraq, antiga capital do pequeno país de 786 km^2 (área do município gaúcho de Santa Cruz do Sul, minha cidade natal), senti a surpreendente carga histórica do arquipélago. O Reino do Bahrein fica ao norte do

Catar, ligado à Arábia Saudita por uma ponte de 25 quilômetros, e compreende 50 ilhas naturais e 33 artificiais, com 83% do território na principal ilha (Bahrein), onde também fica a capital Manama. Mais da metade dos 1,4 milhão de habitantes é formada por estrangeiros, a maioria vindos de locais como Índia, Paquistão e Indonésia para construir a impressionante infraestrutura do rico país.

Por trás da nação mais conhecida por sediar um GP de Fórmula 1, há um impressionante passado e um pujante presente. Ali viveu, há 4 milênios, a civilização Dilmun, controladores do comércio entre a Mesopotâmia e o atual território indiano. Após um milênio de múltiplas ocupações persas e árabes, Portugal invadiu o Bahrein em 1521, de olho especialmente na rentável extração de pérolas naturais. A variada arquitetura do impressionante Forte do Bahrein (Qal'at Al Bahrain) é um retrato das diferentes culturas que por ali passaram. No amplo Museu Nacional, encontrei uma exposição detalhada sobre os habilidosos mergulhadores que extraíam pérolas do fundo do mar. Do ponto de vista econômico, era uma espécie de petróleo naquele período.

Uma aliança anglo-persa expulsou os portugueses no início do século 17 e, em 1783, a família Al-Khalifa, do atual soberano, tomou o poder. O país tornou-se um protetorado britânico em 1860 e a independência veio finalmente em 1971. Hamad Bin Isa Al Khalifa foi (auto)proclamado primeiro Rei do Bahrein em 2002, deixando para trás o tradicional título de Emir (chefe).

Após passar por intensa turbulência política durante a Primavera Árabe, no início deste século, os ânimos arrefeceram-se e a nação tem hoje a economia que mais cresce no mundo árabe, superior aos celebrados Emirados Árabes Unidos, com quem Bahrein decidiu não se unir nos anos 1970.

Além dos 200 mil barris diários de petróleo, a economia é relativamente diversificada, com Manama considerada o centro bancário do Oriente Médio. Em um país desértico, sem rios ou lagos naturais e onde raramente chove, a água, obtida principalmente por dessalinização, é protegida por forte aparato militar nas enormes cisternas espalhadas pelo arquipélago.

A ligação do país com o Islã é forte e histórica. Nos arredores da capital, a Mesquita de Al Khamis foi construída em 692, comprovando que o Bahrein foi um dos primeiros países influenciados pelo islamismo. Circulei pelo local (parte em ruínas) e não encontrei outros visitantes ou funcionários. Ainda em Manama, o Museu Beit Al Quran (Casa do Alcorão) é um dos mais interessantes centros de arte islâmica do mundo. Também ali eu era o único visitante.

Da conversa com o dedicado anfitrião na Mesquita Al Fateh, ficou gravada a argumentação sobre o papel das mulheres na visão muçulmana. Segundo meu amável interlocutor, embora homens e mulheres sejam igualmente importantes, considerá-los como iguais em seus papéis seria um desrespeito a ambos. A questão fundamental parece não ser nosso julgamento míope e linear, mas sim a ideia fluida de respeito e importância em diferentes culturas. Como nas religiões bíblicas, há desvios de interpretação do Alcorão que geram aberrações, como a opressão das mulheres.

Outra questão sempre em voga está relacionada ao conceito de guerra santa (*jihad*). O Alcorão refere-se a ela, principalmente, como a luta interna de cada fiel para viver a fé islâmica. Há, contudo, uma referência à defesa da religião, como reação e com regras que, como vemos nas manchetes dos jornais, seguidamente não são seguidas. Saí da belíssima mesquita sem todas as respostas, mas com a convicção de que o diálogo respeitoso e aberto é sempre o melhor caminho para tentar alcançá-las.

TÂNGER, MARROCOS

A porta da África

Partindo de Tarifa, na costa espanhola, atravessei com a família o mítico estreito de Gibraltar. Uma hora de navegação entre os dois pilares de Hércules separam dois continentes e duas culturas que, por vezes de forma pacífica e, seguidamente, com conflitos e invasões, acabaram influenciando-se mutuamente. Ao desembarcar, em poucos minutos já tínhamos interagido com os simpáticos nativos, conversa que revelou um excelente guia para caminhar conosco pela histórica cidade.

Fundada pelos fenícios, oito séculos antes de Cristo, Tânger foi colônia romana e, por estar no estratégico encontro do Mar Mediterrâneo com o Oceano Atlântico, foi palco de disputas ao longo de sua história. Por um lado, tensões provocaram um encontro de civilizações. Por outro, causaram destruição, êxodo e sofrimento. Após tomar Ceuta no início do século 15 (enclave ibérico na África até hoje), Portugal finalmente conquistou Tânger, em 1471. No século 17, as colônias de Tânger e Bombaim (hoje Mumbai, Índia) foram presenteadas à Grã-Bretanha como dote no casamento da princesa portuguesa Catarina de Bragança com o Rei Charles II.

O monarca britânico administrou muito mal a cidade, que acabou com meros 700 habitantes civis. Em 1684, o sultão do Marrocos encontrou-a abandonada e semidestruída pelos britânicos e repopulou o local com berberes do Magrebe (noroeste africano) que, daí em diante, a defenderam dos constantes ataques espanhóis. Por sua localização e natureza cosmopolita, Tânger foi refúgio de muitos exilados, artistas, escritores e aventureiros. Um deles foi o herói de dois mundos Giuseppe Garibaldi, que se refugiou na cidade por vários meses em 1849. No início do século 20, Tânger foi convertida pelos franceses em zona internacional e paraíso fiscal, até ser retomada pelo Marrocos em 1956.

O vasto interior da antiga fortificação portuguesa (Kasbah) mostra a influência das culturas que ali habitaram, em um labirinto comercial e residencial de vielas estreitas onde, para visitar o vizinho da frente, basta pular literalmente de uma janela para a outra. A Grande Mesquita é um livro aberto, com uma complexa história e impressionante arquitetura. O local foi templo romano, tornou-se mesquita com a chegada dos árabes, catedral com os europeus e é hoje mais uma vez o principal templo islâmico desta que é hoje a segunda cidade do Marrocos, com quase um milhão de habitantes.

Outro aspecto imperdível é a culinária, uma deliciosa amálgama de sabores árabes, berberes e mediterrâneos. O nome da cidade, aliás, está docemente eternizado na tangerina, fruta originária dali. A combinação ímpar de arquitetura e tradição também tornaram Tânger cenário de filmes de ação, como *007 Contra Spectre* e *A Identidade Bourne*.

O Brasil tem influência marroquina desde a chegada dos portugueses. Em 1769, temendo o avanço dos árabes, Portugal evacuou a Fortaleza de Mazagão, no litoral marroquino, transferindo os habitantes para a região onde está hoje o estado do Amapá. Mais tarde, a Amazônia também foi o destino escolhido por judeus marroquinos que fugiam das perseguições antissemitas. O município de Mazagão, no Amapá, celebra anualmente a festa de São Tiago, um dos maiores espetáculos de teatro a céu aberto do país, lembrando a guerra entre cristãos e árabes que culminou na transferência do assentamento marroquino para o Brasil.

Tânger foi marcada ao longo dos séculos por conflitos religiosos, políticos e culturais, alternando avanços em momentos de união com reveses significativos nos momentos de tensão e hostilidade. O Brasil por vezes vive situação semelhante, contaminado nos últimos anos pela discórdia extrema, resultando em esforços e oportunidades desperdiçadas, que sacrificam o desenvolvimento e o bem-estar da maioria da população. É fundamental lembrar que de nada adianta atacar o contraditório com divisionismo, ódio e *fake news*, seja de que lado for. Nas palavras de Martin Luther King, "a escuridão não afasta a escuridão, somente a luz pode fazer isso. O ódio não afasta o ódio, somente o amor pode fazê-lo". Fica a saudação e o voto árabe de paz que ouvimos tantas vezes na visita a Tânger: *As-salaam Aleikum*.

PARTE 3
EUROPA

PROSBA K ANDREIU

Um apelo a (Santo) André

O tzar Pedro I, o Grande (1672-1725), liderou campanhas militares de expansão do território russo enquanto estimulava esforços de modernização que transformaram a Rússia em vasto império com influência vital na economia e na política europeia. O monarca fundou São Petersburgo, em 1703, para ser a nova capital dos russos. A belíssima cidade, que já se chamou Petrogrado e, no período soviético, Leningrado, é a segunda maior do país, depois de Moscou.

Em 1696, depois de criada a Armada Russa, as tropas de Pedro avançaram por terra e pelos rios Don, Volga e Voronezh para, mesmo com perdas humanas significativas, tomar o Porto e a Fortaleza de Azov, construídos pelo Império Turco-Otomano em 1475, obtendo assim um estratégico acesso ao Mar Mediterrâneo, via Mar de Azov e Mar Negro. Meio século antes da tomada pelo tzar, cossacos da atual Ucrânia haviam sido derrotados numa batalha feroz pelo forte, resultando em mais de 70 mil mortos em três meses de lutas. Em 1736, o Tratado de Belgrado reconheceu Azov como parte do Império Tzarista e, desde então, a região faz parte da Rússia.

A sede por portos "quentes" do Mar Negro sempre esteve presente naquela região. Vladimir Putin mantém em seu gabinete uma foto do pai em traje militar, lembrando a todos com orgulho que o velho Putin serviu à Marinha no estratégico Porto de Sevastópol, na disputada Crimeia, península que foi cedida por Nikita Kruschov à nação ucraniana durante o período soviético e hoje está ocupada pela Rússia.

Durante a Segunda Guerra Mundial, Hitler aproximou-se dos ucranianos através do ultranacionalista Stepan Bandera, que fomentava o ódio aos soviéticos naquela região. A Ucrânia, por seus movimentos de independência, no início dos anos 1930, havia sido punida cruelmente por Stalin com uma grande fome que matou milhões de ucranianos e ficou conhecida como Holodomor. O führer, aproveitando-se da ingenuidade e do desespero do povo ucraniano, prometeu livrar Kiev do jugo soviético em troca da lealdade e da colaboração local. Terminada a Guerra, a Ucrânia seguiu oprimida por Stalin. Nada disso justifica, mas pode explicar a simpatia de uma minoria ucraniana pelas atrozes ideias nazistas.

O Batalhão de Azov é um grupo que surgiu em Mariupol, Ucrânia, no início do século 21, como organização paramilitar de extrema-direita, com evidente tendência neonazista, até mesmo em seus símbolos, como o Wolfsangel. Andriy Biletsky, o primeiro comandante e mais tarde um parlamentar do braço político do grupo, liderou anteriormente a organização paramilitar neonazista "Patriotas da Ucrânia" e afirmava que a nação ucraniana tem a missão de liderar raças brancas do mundo em uma cruzada final contra os "Untermenschen" (subumanos) semitas. O apoio financeiro do grupo sempre foi garantido por oligarcas ucranianos, alguns deles próximos ao atual presidente Volodymyr Zelensky.

No final de 2014, o Azov foi oficialmente incorporado à Guarda Nacional Ucraniana, embora seja formado por mercenários de mais de 40 países, incluindo pessoas vindas de grupos supremacistas brancos norte-americanos e até alguns brasileiros. A organização luta, há oito anos, contra separatistas russos em Donbas e sua sede em Kiev chama-se "Casa dos Cossacos". O partido defende o porte de armas para civis e a pena de morte para crimes como traição da pátria e corrupção. Subgrupos do Azov são autorizados por lei a ajudar a polícia local no patrulhamento das ruas, funcionando como uma polícia paralela. Os líderes deixam claro que não odeiam os russos, mas não consideram Vladimir Putin como um líder russo, e sim como um líder judeu. Estranhamente, Zelensky, que também tem ascendência judaica, não recebe a mesma aspereza do Azov.

Nos últimos anos, o Ocidente iniciou o envio maciço de armas à Ucrânia, distribuídas a militares, paramilitares e civis, com ou sem treinamento adequado. De forma muito parecida, no Afeganistão, o Talibã tomou força e acabou se voltando anos depois contra seu criador (ou patrocinador), os Estados Unidos. Putin é um autocrata pseudotzarista, megalomaníaco e cruel. Nesse conflito, contudo, ele é apenas um dos problemas em uma disputa regional que já dura alguns séculos. Vale citar aqui outro líder russo, do período em que eu vivi em Moscou: o beberrão Boris Ieltsin, que, para se livrar de acusações de corrupção, entre outros motivos, concordou em retalhar a antiga URSS, criando, sem a preparação adequada, vários estados independentes, entre eles a Ucrânia.

Ucranianos e russos poderiam viver harmoniosamente, inspirados talvez naquilo que os une desde o tempo em que Kiev era uma cidade muito mais importante que Moscou (Kievan Rus): a semelhança das línguas, os intercâmbios musicais e literários, o alfabeto cirílico comum, criado pelo búlgaro São Cirilo para os idiomas eslavos orientais, e a religião cristã ortodoxa que compartilham e que acreditam ter sido fundada pelo mais antigo apóstolo, Santo André, em suas jornadas pelas colônias gregas ao norte do Mar Negro. A Catedral de Santo André, em Kiev, é o local onde o santo teria colocado uma cruz, às margens do rio Dnieper, iniciando a cristianização de todos os eslavos.

É impossível tentar explicar séculos de história em uma região tão vasta e complexa do leste europeu e da Ásia Central, até porque não sabemos sobre muitos aspectos que seriam relevantes para uma melhor compreensão. Resta-nos torcer para que diplomacia e justas concessões nos livrem dos horrores da guerra, em todos os pontos de conflito, especialmente na Ucrânia, onde o risco de escalada global é estarrecedor. Ajuda-nos, Santo André.

A ALMA DE PUTIN

Nos anos 1960, uma das poucas diversões de Vladimir Vladimirevich Putin era perseguir enormes ratos que circulavam pelas ruas do decrépito bairro de São Petersburgo em que morava. Ao falar da infância, Putin repete uma história que parece significativa. Ao correr atrás de uma corpulenta ratazana, conseguiu encurralá-la entre dois prédios. Foi então que viu o roedor virar-se, encará-lo furiosamente e correr em sua direção. Ameaçado pela valentia do animal, o amedrontado jovem foi obrigado a bater em retirada.

É provável que a vida tensa na convivência com as gangues da antiga Leningrado tenha o levado a procurar, desde cedo, uma proteção baseada em poder e influência. O interesse em trabalhar na KGB (agência de segurança e inteligência soviética) aparece logo após a adolescência. Cursou Direito para que tivesse alguma chance de carreira na agência e cumpriu o objetivo de ser admitido. Por falar alemão fluentemente, foi enviado para o escritório da KGB em Dresden, na antiga Alemanha Oriental. Quatro anos depois, vê seu sonho interrompido pela queda da Cortina de Ferro, sendo forçado a retornar à cidade natal.

O início da década de 1990 foi de profunda crise econômica na Rússia. Uma das fontes de renda extra das famílias era transformar veículos particulares em táxis informais. Eu mesmo tinha o costume de levantar o braço nas ruas de Moscou e São Petersburgo, negociar rapidamente o preço e, por vezes, compartilhar os pequenos Ladas com famílias inteiras. Naquele período, um desses motoristas era Vladimir Putin, que usava o carro da mãe para as corridas. Em menos de uma década, contudo, ele se tornaria o líder do maior país do mundo.

Testemunhei a humilhação à qual o país foi submetido quando morei em Moscou no início dos anos 1990. A economia estava em frangalhos, o rublo despencava diariamente, pessoas com qualificação, doutores e cientistas precisavam sair do trabalho mais cedo para enfrentar enormes filas e, com sorte, encontrar comida nos pequenos mercados. Já nos primeiros dias na capital, mesmo com dinheiro no bolso, encontrei essa dificuldade. Pela primeira e, espero, última vez, senti a dor da fome. Enquanto isso, na fronteira oeste, a Organização do Tratado do Atlântico Norte (OTAN) quebrava o próprio compromisso de não avançar além da divisa alemã, usando a oportunidade para expandir seu domínio, encampando países que formavam o antigo Pacto de Varsóvia.

Os russos, por tradição nacionalistas e patrióticos, passaram a querer um líder bem mais firme que o senil e alcoólatra Boris Ieltsin, que, além de tudo, enfrentava acusações de corrupção. Este, por seu turno, precisava de alguém que conquistasse a confiança do povo e, ao mesmo tempo, livrasse sua família de qualquer problema judicial passado e futuro. A escolha natural foi Vladimir Putin, então chefe da Agência de Segurança FSB, a sucessora da soviética KGB. Em menos de dois anos, Putin escalara de um cargo no Departamento de Relações Exteriores – onde se aliou estrategicamente a oligarcas do obscuro comércio internacional – ao centro do poder no Kremlin. Uma de suas primeiras medidas foi criar dispositivos legais para anistiar Ieltsin de qualquer condenação por corrupção.

A Mãe Rússia tinha novamente um líder nacionalista, expansionista e com pulso firme. A Chechênia, foco de rebeldes separatistas que queriam fundar uma república islâmica, foi a primeira a sofrer com a agressividade do novo líder, tendo a capital Grozny aniquilada em poucos dias.

Eis que, na última década, a Ucrânia, maior zona tampão entre Rússia e OTAN e com acesso estratégico ao Mar Negro, passou a ameaçar com uma união com o Ocidente. A península da Crimeia, cedida em 1954 pelo líder soviético Nikita Kruschev à então República Soviética da Ucrânia, terminou invadida pela Rússia em 2014. Para Putin, era a hora de a ratazana encarar o inimigo que a encurralava. Desde então, a combinação do Grande Urso acuado pela OTAN – organização vista em Moscou como braço de aluguel dos americanos – e a natureza camaleônica e megalomaníaca de um líder, que talvez enxergue sua última chance de colocar definitivamente seu nome na complexa e milenar história eslava, pode ter gerado uma mortífera cartada final.

Em 2001, após a visita de Putin ao rancho de George Bush, no Texas, o presidente americano declarou sua confiança no líder russo: "Sinto que entendi sua alma". Parece ter esquecido que Putin, como todos os agentes da KGB, havia sido treinado para abandoná-la.

MOLDÁVIA

O país menos visitado da Europa

O calejado viajante e escritor norte-americano Paul Theroux disse certa vez que "o fato de poucas pessoas visitarem um país é um forte indício de que vale a pena visitá-lo". Desde o momento em que aterrissei na capital moldava, fui tomado pelo entusiasmo de conhecer mais sobre uma nação da qual muito pouco se fala e da qual pouco se conhece.

A República da Moldávia, pequeno país da Europa Oriental desprovido de costa marítima, é um desses lugares. Espremida entre a Ucrânia e a Romênia, a antiga república soviética tem 2,5 milhões de habitantes, com cerca de 700 mil na arborizada capital Chișinău (Quixinau). A maior parte da Moldávia deriva do principado de mesmo nome, um antigo estado vassalo dos otomanos do século 14 até 1812, ano em que foi cedido ao Império da Rússia e, juntamente com uma parte da Ucrânia, passou a se chamar Bessarábia. A região declarou sua independência e foi integrada à Romênia após a Revolução Russa de 1917, porém, graças à pressão soviética e ao acordo de não agressão entre a União Soviética e a Alemanha Nazista (Pacto de Molotov-Ribbentrop), acabou se tornando parte da URSS, em 1940. Desde 1991, a Moldávia é um país independente.

A grande maioria da população (82%) é de etnia romena. Por ter sido parte da antiga província romana da Dácia, o romeno tornou-se a língua oficial, embora o russo seja amplamente usado. A bela catedral ortodoxa, na praça central da capital, representa a religião de mais de 80% dos nativos, que, por enquanto, segue vinculada ao patriarcado autocéfalo de Moscou, ainda que contrariada com o apoio do primaz Kirill à invasão russa da Ucrânia.

Caminhei pela região central de Chișinău em um final de semana de temperaturas negativas. Muita neve cobria as largas avenidas da cidade, repletas de museus, teatros, prédios comerciais e governamentais no estilo arquitetônico brutalista do realismo soviético. Na Avenida Estêvão, o Grande e Santo, famílias celebravam o Natal (7 de janeiro para os ortodoxos, que seguem o calendário juliano). Estêvão é homenageado ainda com uma estátua nas cercanias do Congresso Nacional, pela luta contra os otomanos no século 15. O príncipe moldavo foi canonizado pela Igreja Ortodoxa em 1992.

Até a invasão da Ucrânia, a Moldávia era o país mais pobre da Europa. O futuro, contudo, parece mais alvissareiro, especialmente com a possível integração do país à União Europeia. No comando do país desde 2020, a presidente Maia Sandu é a primeira mulher eleita para o cargo, com uma plataforma pró-Europa. Em 2021, em face à forte oposição pró-Rússia dos congressistas, Sandu dissolveu o parlamento e chamou uma nova eleição, na qual obteve ampla maioria.

Com 122 mil hectares de vinhas, em um território semelhante ao estado de Alagoas (o Brasil inteiro tem 80 mil hectares de vinhedos), a Moldávia é um dos maiores produtores mundiais de vinhos. A vinícola mais famosa é a Milestii Mici, que possui a maior adega do planeta. São quase 200 quilômetros de extensão, dos quais 55 são atualmente utilizados para seus mais de 2 milhões de garrafas. Visitei ainda o Castelo Mimi, primeira vinícola da Bessarábia. Em junho de 2023, o local sediou uma cúpula de 45 chefes de estado europeus para discutir a crise entre a Rússia e a Ucrânia.

Como aconteceu com as demais repúblicas soviéticas, a Moldávia declarou sua independência em agosto de 1991, logo após a queda da União Soviética. Ocorre que, quase um ano antes, a região moldava, a leste do caudaloso Rio Nistro, fortemente colonizada pela Rússia czarista e pelos soviéticos, havia declarado sua independência antecipada. Um referendo então confirmou o desejo da maioria dos 600 mil habitantes da chamada Transnístria de não fazer parte da nação moldava.

Em 1992, houve um conflito entre a Moldávia, com o respaldo da Romênia, e os separatistas da Transnístria, apoiados inicialmente de forma velada pela Rússia. Após várias batalhas e mais de mil mortos, Moscou decidiu intervir. Contam que um general russo teria sido enviado à região para resolver o impasse e o teria feito com duas breves ligações telefônicas. Ao presidente da Moldávia, ordenou: "Retire suas tropas agora ou amanhã mesmo eu almoçarei em Chișinău". Ato contínuo, telefonou para o presidente da Romênia: "Recolha seus soldados imediatamente ou amanhã eu jantarei em Bucareste". A guerra cessou naquele mesmo dia e até hoje a Transnístria, tema do próximo artigo, é, *de facto,* um país independente.

TRANSNÍSTRIA

Um país invisível

Parti cedo de Chisinau, Moldávia, na companhia do experiente e versado guia Corneliu. A neve acumulada e a temperatura de 12 graus negativos não esfriaram os ânimos para conhecer o lugar que muitos consideram um museu soviético vivo. O destino era Tiraspol, capital da Transnístria, país que se autodeclarou independente em 2 de setembro de 1990.

A estreita faixa entre a Moldávia e a Ucrânia é lar para cerca de 450 mil habitantes. O povo, de origem majoritariamente eslava, é resultado da russificação da população desta parte da antiga Bessarábia, promovida pelo Império Russo e pela União Soviética. As famílias de russos étnicos enviadas ao território jamais se identificaram com as raízes romenas da região e um referendo de 2006 teve 97% dos votos a favor da autonomia da república que, para a Organização das Nações Unidas (ONU), é parte da Moldávia.

O nome Transnístria ou, em russo, Pridniestrovski, significa "além do Nistro (Dniester)", rio que delimita a fronteira ocidental do país. Antes de atravessar o impetuoso rio, passamos por barreiras dos exércitos moldavo e russo. Finalmente, cheguei nos agentes de imigração do curioso país. Em vez do carimbo no passaporte, recebi um comprovante de entrada separadamente, situação que eu já havia vivido, por exemplo, em Israel. Um grande brasão com a foice e o martelo indica a entrada no país que, oficialmente, não existe.

A primeira parada foi na cidade de Bender, única porção do território na margem ocidental do Nistro conquistada pelos separatistas na guerra de independência de 1992. De pronto, me senti de volta ao antigo leste europeu e a seus estados vassalos da URSS. A frota carcomida de Ladas e Volgas; os típicos mercados de carnes, laticínios, frutas e verduras; os prédios residenciais da era Nikita Khrushchov; os antigos ônibus eletrificados, que tive a alegria de usar novamente; e os monumentos ufanistas do realismo soviético levaram-me a um ambiente que não é mais possível encontrar nem mesmo no país de Putin. Em Bender, visitei a Fortaleza Tighina e passei por ruas tranquilas, sem deixar de observar os buracos de bala nos prédios, que lembram que a região foi palco recente de violentos conflitos.

Na capital Tiraspol, tentei, na medida do possível, usar meu enferrujado russo, conversando com atendentes das variadas livrarias, restaurantes e no cinema-teatro local. Em geral, são senhoras que, embora atenciosas e prestativas, oferecem poucos sorrisos, no velho estilo do serviço público soviético. Foi como retornar ao ambiente que vivi em Moscou no início dos anos 1990. Fiz as refeições em restaurantes populares, onde a comida é caseira e muito barata. Caminhar pelas ruas Lenin, 25 de Outubro, Karl Marx, Iuri Gagarin e, principalmente, observar as pessoas e os costumes comprovam que o lugar é mesmo uma amostra fiel do finado mundo soviético.

No centro de Tiraspol, destaca-se a estátua do comandante russo Alexander Suvorov, herói nacional que venceu a batalha contra os otomanos em 1792, considerado o ano de fundação do país. Além da bandeira da Transnístria, tremulam ali a da Rússia e as de três países igualmente não reconhecidos pela ONU: Abecásia, Ossétia do Sul e Nagorno-Karabakh, em uma espécie de clube dos excluídos que reconhecem um ao outro. Em frente ao monumento, o Parque Catarina II homenageia a imperatriz russa que conquistou a região e autorizou a construção da cidade, em 1792. Catarina, que, para assumir o trono, depôs o marido Pedro III, era notória admiradora da cultura grega, daí o nome Tiraspol – na língua helênica, o Rio Nistro se chama Tiras e *polis* é cidade. Sevastopol, Mariupol e Melitopol, na Ucrânia, também foram fundadas no mesmo período. Lembro que, séculos antes de Cristo, gregos já haviam colonizado o entorno do Mar Negro, deixando marcas culturais por dois milênios.

A Transnístria não foi o primeiro país teoricamente inexistente em que estive (Chipre do Norte, Palestina e Taiwan são outros exemplos), mas foi, possivelmente, o mais interessante. Saí com uma sensação ambígua. De um lado, o desejo de que o povo seja feliz da forma que escolheu, apesar (ou por causa) de sua simplicidade. De outro, impressionado por me sentir em uma espécie de exclave da Rússia e do passado histórico soviético. Todos os governos de países ocidentais recomendam não visitar a Transnístria. De minha parte, como único forasteiro que vi por lá, agradeço a recomendação, que ajuda a manter o surpreendente país sem turistas e praticamente intacto.

Rússia, Moldávia e Transnístria – uma paz simbiótica e frágil

Embora não reconheça formalmente a nação, a Rússia mantém um regimento de seu exército na Transnístria, além de subsidiar produtos e matérias-primas, como o gás natural.

Os russos, obviamente, usam a oportunidade para aumentar sua área de influência e manter a posição estratégica a sudoeste da Ucrânia. Quanto à Moldávia, a relação amistosa com a Transnístria deve-se principalmente ao fornecimento de energia. Mais de 70% da eletricidade da Moldávia é gerada nas usinas termoelétricas a leste do Rio Nistro.

Apesar de uma certa temeridade com o ambiente militarizado de fronteiras, não percebi hostilidade alguma. Antes de retornar à Chisinau, fomos até a divisa com a Ucrânia. Não havia movimentação militar, mas há trincheiras escavadas ao longo da linha entre os dois países, com o objetivo de evitar a fuga de cidadãos ucranianos de seu país desde a recente invasão russa da Ucrânia.

Dezenas de estátuas de Vladimir Lenin estão espalhadas pelo país, uma delas em frente à sede do legislativo e do executivo. Além disso, a Transnístria é o único país do mundo com a foice e o martelo em sua bandeira. O país, contudo, passa longe de ser comunista. De fato, o Partido Comunista local é de oposição e o próprio Lenin teria um acesso de fúria se visse o domínio selvagem da iniciativa privada, em particular pelo poderoso Grupo Xerife.

Onde quem manda é o Xerife

Uma das primeiras atitudes que tomei quando cheguei ao país foi dirigir-me a uma pequena casa de câmbio de um dos centros comerciais Xerife, onde troquei alguns euros pela moeda circulante, o rublo transnístrio. Em um país no qual não se usam cartões bancários, o dinheiro local em espécie é a única forma de pagamento oficialmente aceita.

Logo notei que a marca Xerife estava também em postos de combustível, hotéis, supermercados, provedor de Internet e celulares, canais de televisão, revendas de veículos, renomados conhaques, indústrias e até no maior clube de futebol local, que possui uma moderna arena e um imponente complexo esportivo. Entrou para a história a ocasião em que, em 2021, o Sheriff Tiraspol derrotou, pela Liga dos Campeões da UEFA, a equipe do Real Madrid, dos "galáticos" Ancelotti, Benzema e Vini Jr.

O Grupo Xerife é quase um monopólio, dominando dois terços da economia privada local. O proprietário da Sheriff Enterprises é o ex-agente da KGB Viktor Gushan, cujo apelido "Xerife" vem desde os tempos da agência de segurança e inteligência soviética. A corporação tem forte influência na política local e existem denúncias sobre seus métodos de ação e persuasão, nem sempre convencionais. Muitos oponentes do atual presidente Vadim Krasnoselsky, aliado do Xerife de Gushan e de Moscou, desapareceram ou morreram misteriosamente nos últimos anos.

No lado positivo, uma das principais fontes de renda do país após a independência, o tráfico de armas e de mulheres, foi eliminado ou diminuiu sensivelmente. A finada URSS deixou um arsenal de mais de 40 mil armamentos na região e até mesmo um quilograma de Urânio 235 chegou a ser interceptado a caminho do Mar Negro. A comercialização ilegal de aparato bélico foi tema do filme *O Senhor das Armas* (Lord of War, 2005), com o personagem de Nicolas Cage, inspirado em Viktor Bout, um poderoso traficante de armas soviéticas provenientes da Transnístria.

TALLINN, ESTÔNIA

Poesia e modernidade em uma capital medieval

De Helsinque, na Finlândia, um navio levou-me até Tallinn, na Estônia. Das possíveis formas de chegar a um país, a que mais me encanta é a via marítima. Talvez pelo véu histórico e romântico de descoberta que navegação e portos representam, mas também por, ao contrário da aviação, aproximar-nos lentamente, com mais prazer e atenção, do real espírito de um lugar e de seu povo, algo difícil em aeroportos, todos parecidos e desprovidos de alma.

Entradas náuticas e terrestres nos fazem saborear distâncias de forma mais leve e poética. Mais ainda quando gélidas rajadas apontam para uma cidade magnífica como Tallinn, com atmosfera medieval preservada que proporciona uma viagem também no tempo.

Após séculos de dominação por dinamarqueses, suecos, russos, nazistas e, desde 1991, radiante por cortar as amarras soviéticas, a Estônia reconectou avidamente seus laços com vizinhos nórdicos, em especial a Finlândia, com a qual divide origens linguísticas e étnicas. O resultado foi rápido, com crescimento do turismo, desenvolvimento econômico e alta tecnologia. Entre outras inovações, a Estônia foi o primeiro país a adotar um sistema seguro de eleições eletrônicas, que contempla ainda o voto online. Além disso, é um dos países com maior conectividade do planeta, com 99% dos serviços públicos via Internet.

Tallinn conquista em cada olhar. Um ótimo ponto de partida é a prefeitura, a mais antiga da Europa, na Praça Raekoja, coração da Cidade Baixa. A torre de 77 metros de altura proporciona uma bela vista da cidade e do Mar Báltico. Outro ponto de observação espetacular é a torre da Igreja de Santo Olavo, muito usada por espiões da KGB no período soviético.

Na área da cidade conhecida como Toompea, destacam-se a Praça do Castelo e a bela Catedral de Alexandre Nevski, homenagem ao guerreiro canonizado pela Igreja Ortodoxa Russa que conquistou a Estônia no século 13. Próximo dali, de grande interesse histórico e arquitetônico, estão o Forte de Tall Hermann, de 1371, e o Palácio de Pedro, o Grande, onde o czar e sua esposa, a futura imperatriz Catarina I, passavam longos períodos. Seguindo o exemplo de outros estados bálticos, o Museu da Ocupação e da Luta pela Liberdade retrata os anos de repressão de alemães e soviéticos.

Da proa da embarcação que me levou à Estônia, observei prédios e torres da fascinante capital. Se pudessem, o que diriam aquelas construções que, entre ventos meteorológicos e geopolíticos, testemunharam tanta história, tantos pensamentos e ações? O período medieval gerou a semente do mundo de hoje, com o pensamento científico, o racionalismo e outros avanços. Teríamos, contudo, errado na dose no que se refere ao vigente materialismo consumista? Aonde chegaremos com a estrutura da atual sociedade, regida, de maneira geral, por princípios incultos, imorais e inclementes, no que chamamos equivocadamente de economia? Será que um dia entenderemos a existência com lentes dignas da condição humana?

A lenta aproximação marítima de Tallinn deu-me tempo de refletir e constatar mais uma vez que, mais importante que destinos ou objetivos alcançados, a caminhada e aqueles que nos acompanharam interessam mais. Somos, afinal, uma coleção de pessoas e jornadas, muito mais que um repertório de destinos.

RIGA, LETÔNIA

Uma celebração de estilos e culturas

Na primeira visita a Riga, fiz questão de iniciar a caminhada pelo enorme Mercado Central, o maior da Europa. É no mercado público que a cidade se apresenta por inteiro e é onde conhecemos muito da alma do povo e os seus costumes, em especial nos países do leste europeu e da Ásia. Entre vestuário, flores, carnes, queijos e outros produtos típicos, as pessoas interagem com entusiasmo, sem a máscara de formalidade dos locais mais turísticos. Ali, na observação e nas conversas com os nativos, a cidade simplesmente é.

Como os demais países bálticos, a pequena Letônia passou grande parte de sua existência envolvida em alguma turbulência política. O país foi conquistado e reconquistado tantas vezes que, até hoje, em mais de oito séculos, só foi independente por meros e intermitentes 54 anos. O orgulho patriótico, contudo, é evidente, simbolizado na bandeira nacional mais antiga do mundo, em uso desde 1280.

A metade dos 1,8 milhão de letões reside na capital Riga, uma cidade cosmopolita que esbanja vida cultural e econômica. Música, teatro, museus e igrejas medievais pontuam o centro antigo, famoso por sua arquitetura, com mais de 800 prédios no estilo *art nouveau*. O design letão, aliás, já esteve agarrado a muitos de nós. Em 1872, o alfaiate Jacob Youphes, um nativo de Riga, combinou rebites de cobre e costuras alaranjadas em um tecido reforçado de algodão, inventando as calças jeans ou de brim. Jacob, recém-chegado aos Estados Unidos, propôs o design a outro imigrante, o alemão de origem judaica Levi Strauss, que iniciou a fabricação em massa. O sucesso das calças Levi's dispensa comentários.

Um bom ponto de partida na cidade é o Monumento à Liberdade, chamado carinhosamente pelos nativos de "Milda". Ainda estão presentes dezenas de estátuas no estilo realista soviético, como o monumento que homenageia os soldados da segurança de Lênin. Cerca de 30% dos habitantes da Letônia são de origem russa, o que faz da língua eslava a segunda mais falada do país, depois do letão, que é uma fusão do lituano, do extinto prussiano e de línguas fino-úgricas (finlandês, estoniano, húngaro).

Na praça da prefeitura, uma bela construção, conhecida como Casa das Cabeças Pretas, foi erigida em 1344 e reconstruída após a Segunda Guerra Mundial. Na imponente catedral de Riga, destaca-se um magnífico órgão com 6700 tubos. Em outro templo próximo, a Igreja de São Pedro, tem-se a melhor vista aérea da cidade e do Mar Báltico, do topo da torre de 123 metros.

No local em que hoje está o Teatro Nacional, declarou-se, em 1918, a primeira independência da paciente nação. A soberania, contudo, durou pouco. Em 1939, Alemanha e União Soviética assinaram o Pacto de Não Agressão de Molotov-Ribbentrop, que, secretamente, dividiu o leste e o norte europeu em território nazista e soviético. A Letônia ficou com a União Soviética, porém, em 1941, os nazistas iniciaram a Operação Barbarossa, avançando sobre todo o leste europeu.

Os alemães invadiram Riga e de lá só saíram no final da guerra, deixando um triste saldo de mais de 200 mil letões mortos, incluindo mais de 75 mil judeus que viviam no país. Com o final da guerra, a ocupação pelas tropas de Stalin durou até a queda da cortina de ferro e, em 1991, o país pôde finalmente reconquistar sua independência.

Espelhando o que vi e ouvi no Mercado Central de Riga, a Letônia convive em harmonia com povos dos quais poderia ter certo ressentimento, como no caso dos russos e de seus descendentes. Idiomas, denominações religiosas e hábitos culturais entrelaçam-se e constroem juntos, não apesar de, mas a partir de qualquer diferença. A Letônia, como os demais países bálticos, soube canalizar forças distintas em torno de objetivos comuns e hoje colhe os frutos, como uma pequena, porém pujante nação, desenvolvida, democrática e progressista.

"Todos têm direito à individualidade; todos têm o direito de entender; todos têm o direito de nada entender; todos têm o direito de contemplar sua insignificância."

Enquanto saboreava um prato típico na capital lituana, li os artigos acima na Constituição da República de Uzupis, uma área pitoresca com menos de um quilômetro quadrado no coração de Vilnius, formada predominantemente por artistas locais. Entre os 39 artigos, alguns são ainda mais peculiares, como "Um cão tem o direito de ser um cão; um gato não é obrigado a amar seu dono, mas precisa auxiliá-lo quando necessário". O documento termina com as frases: "Não lute. Não tente vencer. Não se renda."

A Lituânia é um dos estados bálticos, junto com Letônia e Estônia. Embora os três países tenham muito em comum além da costa do Mar Báltico, não se trata de uma união política, pois cada um conserva sua cultura, sua língua e seus costumes. A Lituânia foi a primeira república soviética a declarar independência, em março de 1990. Da população de 2,8 milhões de pessoas, um quarto está na capital, Vilnius.

No final do século 14, o Grão-Ducado da Lituânia era o maior país da Europa, com uma área que incluía a Bielorrússia, a maior parte da Ucrânia e territórios das atuais Rússia e Polônia. Com uma longa e turbulenta história desde as invasões vikings no século 9, o país encolheu significativamente nos séculos 19 e 20, em face da opressão da Rússia czarista e das ocupações em série da Alemanha Nazista e da União Soviética. A identidade lituana, contudo, jamais se deixou abater.

Fundada em 1387, Vilnius conserva o distrito medieval mais antigo do continente. A crescente ocidentalização após a queda da cortina de ferro culminou no seu ingresso na comunidade europeia, em 2004, reflexo de um país desenvolvido e próspero.

A Lituânia foi o último país europeu a converter-se ao cristianismo. Em Vilnius, belos templos e monumentos cristãos valem a visita, como a Igreja do Espírito Santo, sede do Arcebispado Ortodoxo Russo, e a imponente catedral católica, onde se destacam o mausoléu real e a esplêndida Capela de São Casimiro. As muralhas de defesa da cidade (século 16) tinham 10 portais. O único que resta é o Pórtico da Aurora, espaço sagrado para os nativos. Sobre ele, um magnífico ícone da Virgem Maria é venerado por numerosos fiéis de diferentes religiões.

Para conhecer melhor uma cidade e um povo, por vezes é preciso mergulhar em recantos escuros de sua história. Em Vilnius, o Museu das Vítimas do Genocídio retrata de forma nua e crua os difíceis anos de opressão de nazistas e soviéticos. Alojado na antiga sede da KGB, que também serviu de escritório da Gestapo (polícia secreta nazista), os porões do prédio estão intactos, com salas de isolamento e câmaras de tortura e execução.

A memória do genocídio é uma forma de honrar os que entregaram seu sofrimento e, em muitos casos, a própria vida por liberdade e soberania. Além do museu, memoriais rendem homenagem às dezenas de milhares enviados aos campos de trabalho forçado soviéticos (gulags) na Sibéria, assim como aos mais de 100 mil judeus – 95% da população hebraica de Vilnius – executados pela Alemanha Nazista em 1941.

Os lituanos jamais deixaram de resistir. Em 1989, pouco antes da retomada da independência, a Lituânia uniu-se aos estados vizinhos e organizou o histórico Caminho Báltico, uma corrente humana de 600 quilômetros que uniu Vilnius, Riga (Letônia) e Talinn (Estônia), demostrando a determinação das três nações de se libertarem da União Soviética.

A experiência lituana me fez pensar no Brasil, onde, infelizmente, mais de duas décadas de ditadura militar ainda não renderam um museu dedicado à memória das vítimas, que poderia servir de alerta às futuras gerações. Além do esquecimento, anistiamos brutais perpetradores, um erro histórico que trouxe consequências nefastas. Em um país que não tem nem mesmo um museu dedicado aos 300 anos de escravidão, não podemos nos surpreender.

Decolei de Vilnius com a sensação de ter visitado um povo em paz consigo mesmo, mas que mantém o espírito aberto e inquieto o suficiente para seguir evoluindo. Foi inevitável conectar o que eu sentia com o artigo 16 da Constituição de Uzupis: "Todos têm o direito à felicidade".

BUCARESTE, ROMÊNIA

A enigmática capital de um país em transição

Os primeiros tiros da Revolução Romena, em 21 de dezembro de 1989, partiram da Praça Revolutiei, em Bucareste, iniciando a única derrubada violenta de um regime comunista na Europa Oriental. Sitiado com a esposa Elena no Palácio do Parlamento, o ditador Nicolae Ceausescu protagonizou uma espetacular tentativa de fuga em um helicóptero militar. Capturado no mesmo dia, o líder, que era visto por muitos como herói da nação, foi rapidamente julgado e condenado à morte. O casal Ceausescu foi celeremente executado por um pelotão de fuzilamento no dia de Natal de 1989.

A aeronave com Nicolae e Elena em retirada foi a primeira imagem que me veio à mente enquanto caminhava ao longo da larga Avenida Unirii, no fim da qual está o imenso Palácio do Parlamento. Os cerca de 2 milhões de habitantes de Bucareste testemunharam Ceausescu em seu sonho megalomaníaco de construir a capital socialista ideal. Mais de 9 mil casas e prédios do centro histórico da cidade foram demolidos, com charmosos boulevards e ruínas otomanas substituídos por avenidas desertas e blocos de concreto. Felizmente, algumas ruas do centro histórico ainda mantêm a tradição cultural e arquitetônica que fazia de Bucareste uma das estrelas do Expresso Oriente até a primeira metade do século 20.

Depois do Pentágono, nos Estados Unidos, o Palácio do Parlamento da Romênia é o segundo maior prédio administrativo do planeta, um colosso construído em mármore e materiais nobres, a partir de 1984. O sonho neoclássico de Ceausescu, que ainda não foi concluído, impressiona com seus mais de 3 mil suntuosos aposentos. É um símbolo dos excessos de um regime autoritário, especialmente em um período em que a vasta maioria dos 20 milhões de romenos viviam em extrema dificuldade.

Emergindo de décadas de ditadura comunista e da repressão da brutal polícia secreta *Securitate*, a Romênia ainda vive uma transição, com parte da população buscando a ocidentalização e outra parcela satisfeita com o estilo rural e bucólico de seus antepassados. O país é rico em história, belezas naturais e tem um povo hospitaleiro que, juntamente com a vizinha Moldávia, fala o romeno, a língua românica mais próxima do latim, com suas declinações e incluindo o gênero neutro.

Fiquei surpreso também com o culto ainda presente a uma das romenas mais conhecidas, a "Pelé da ginástica" Nadia Comaneci. Nas Olimpíadas de Montreal, em 1976, a performance de Nadia nas barras paralelas, aos 14 anos de idade, deixou o mundo estupefato diante de tamanha perfeição, recebendo a inédita nota dez.

Visitei várias empresas no interior do país, no sul da Transilvânia, o que me colocou em contato com um ambiente eminentemente rural que parece congelado nos anos 1950, tanto na aparência quanto na mentalidade, diferenciando-se do cenário mais moderno da capital. O que não muda de uma parte a outra é a paixão pela educação e pela literatura, algo típico dos países do leste europeu, onde livros de todos os gêneros e categorias são vendidos nas ruas e nas muitas livrarias locais. Os romenos são prova viva de conquista da democracia e de persistência popular construída com educação, cultura e espírito crítico.

***

Quem busca na Romênia a mágica retratada em livros e filmes do Conde Drácula não se decepcionará na Transilvânia, com belíssimos castelos góticos e cidades medievais. De certa forma, aliás, Drácula realmente existiu. Porém, ele não foi o rei da Transilvânia, mas da Valáquia, e não era conde, e sim um príncipe. O monarca, que serviu de inspiração para o livro Drácula (1897), do irlandês Bram Stoker, também não era vampiro, embora a verdade sobre Vlad Tepes (1431-1476) seja de arrepiar. A história começa com o pai, Vlad Basarab, que tinha o apelido de Dragul (dragão). Aos 10 anos, Tepes (ou Drágula, o filho do dragão) acabou prisioneiro dos otomanos por vários anos. Com as tropas do sultão Murad II, Vlad aprendeu aquele que seria seu método favorito de tortura e execução: a empalação. A prática cruel aprendida dos turcos acabaria sendo usada, anos depois, contra os próprios otomanos quando estes tentavam invadir o reino de Drágula. Ao chegarem na fronteira com a Valáquia, tropas de Constantinopla depararam-se com uma macabra "decoração" com 20 mil de seus compatriotas empalados ao longo das estradas romenas. A terrível tática de terror funcionou por algum tempo e rendeu ao príncipe os apelidos de Vlad, o Empalador, e Vlad Drácula (o filho do demônio).

MONTENEGRO

A pequena e corajosa nação dos Bálcãs

No fogo cruzado entre o Oriente e o Ocidente, os países da península dos Bálcãs sempre tiveram de conviver com guerras e invasores. Habitado originalmente pelos ilíricos, mesmo povo que ocupava a Albânia, o território de Montenegro viu a chegada dos eslavos entre os séculos 6 e 7. Em 1040, já cristianizados, os montenegrinos formaram Dóclea, um país independente por quase 150 anos. Novas invasões ocorreram, primeiramente pelos sérvios, seguidos dos venezianos (que deram o nome ao país, na língua vêneta) e, finalmente, pelos implacáveis turco-otomanos.

No século 16, o país tornou-se novamente independente, mas as batalhas com os expansionistas turcos continuaram até o final do século 19. A pequena nação jamais se submeteu completamente ao Império de Istambul e, em 8 de outubro de 1912, tomou a iniciativa de contra-atacar os otomanos, em uma ação corajosa e, com modesto poderio bélico, desproporcional. O arrojo incentivou as demais nações dos Bálcãs, dias depois, a seguirem o exemplo e o Império Russo a apoiar a luta contra os opressores, algo que os montenegrinos sempre fazem questão de lembrar.

Montenegro entrou no século 20 como um reinado soberano que durou até a Primeira Guerra Mundial. A união com os sérvios, os croatas e os eslovenos criou então um novo país que, em 1929, passou a se chamar Reino da Iugoslávia. A federação entrou em colapso na Segunda Guerra, quando alemães e italianos tomaram os Bálcãs. Montenegro coube à Itália, e grupos comunistas locais organizaram-se rapidamente para enfrentar as tropas de Mussolini. Com a derrota nazifascista para os aliados, todos os países eslavos do sul, exceto a Bulgária, formaram a República Socialista da Iugoslávia, sob a batuta do líder Josip Broz "Tito" (1892-1980), que sempre considerou Montenegro como uma república separada da Sérvia.

O colapso da cortina de ferro, no início dos anos 1990, fragmentou a antiga Iugoslávia. Montenegro permaneceu unida à Sérvia até 2006, quando um referendo sacramentou a independência. Desde então, a nação desenvolveu-se rapidamente através do turismo e dos investimentos estrangeiros, adotou o euro como moeda, aderiu à OTAN e sua admissão na União Europeia é iminente.

Além do legado histórico, o país é repleto de atrações. Mais de uma centena de praias ao longo do Mar Adriático, os belíssimos picos dos chamados Alpes Dináricos, que cobrem mais de 80% do território, e esplêndidos lagos. Na linda Baía de Kotor, os fiordes e as cidades medievais como Kotor e Perast, assim como a cidade costeira de Budva, deixam os visitantes boquiabertos. É uma nação que exala tranquilidade e sossego. Alegoricamente, é um descanso merecido depois de milênios de lutas contra poderosos invasores.

"Escondido" entre os vizinhos de fronteira Croácia, Sérvia, Albânia e o ainda disputado Kosovo, Crna Gora – nome de Montenegro na língua local –, é o país menos populoso dos Bálcãs e a nação mais jovem da Europa. O território é 20 vezes menor que o Rio Grande do Sul e um terço de seus 630 mil habitantes vivem na capital Podgoritza.

Ao indagar sobre a relação com a Sérvia, ouvi repetidamente a frase: "Montenegro e Sérvia são dois olhos do mesmo rosto". A diferença mais evidente entre eles é a sutil influência italiana nas cidades montenegrinas, especialmente na arquitetura. Apesar disso, a característica predominante é a cultura eslava, nas tradições, nas expressões artísticas e na religião cristã ortodoxa. No esporte, a preferência nacional é inusitada: o polo aquático.

No contato com os montenegrinos, gravei a imagem de um povo que, ao longo de sua história, lutou pela soberania e não hesitou em tomar a iniciativa diante de invasores e tiranos opressores. Olhando para o lado humano, considero essa coragem de dar o primeiro passo para combater injustiças, para ajudar alguém ou para se desvencilhar de situações hostis como uma das mais admiráveis qualidades. Infelizmente, é uma virtude rara em nossa espécie. Aqueles que esperam pelos outros antes de agir, ainda que realizem algo louvável, são meros imitadores.

PRAGA

Espetáculo de arte e realismo fantástico

Nascido em Praga, em uma família de tchecos judeus de classe média, ele foi forçado pelo pai a cursar Direito e trabalhou por toda a vida em uma companhia de seguros, deixando para as horas vagas sua maior paixão: a escrita. Teve vida curta, falecendo de tuberculose aos 40 anos, na obscuridade e sem ter conseguido publicar suas melhores obras. Antes de morrer, pediu a um amigo que queimasse seus escritos, algo que ele mesmo já tinha feito com 90% de seus registros literários. O amigo Max Brod, felizmente, não seguiu a ordem e, postumamente, Franz Kafka (1883-1924) tornou-se um dos autores mais importantes do século 20. Com estilo obscuro, baseado no absurdo e no surreal, Kafka marcou para sempre a literatura, a filosofia e o estudo do comportamento humano.

Boa parte dos cenários imaginativos do autor de *A Metamorfose*, *O Processo* e *O Castelo* podem ter derivado da encantadora paisagem urbana e da realidade geopolítica de sua cidade natal. Do sacro Império Romano até a União Soviética, passando por turco-otomanos, húngaros e nazistas, os tchecos sempre estiveram em um fogo cruzado de cultura e poder. Ao contrário de seus vizinhos, os cidadãos do pequeno país sem litoral foram resilientes enquanto exércitos cruzavam suas fronteiras, escolhendo mais a inteligência e menos as armas para enfrentar os invasores. O resultado dessa habilidade diplomática é que cidades e vilarejos tchecos estão hoje entre os mais conservados e fascinantes do continente europeu.

Em Praga, reis medievais, artistas e arquitetos construíram um local à altura de uma sede do Sacro Império Romano. O labirinto de vielas, praças medievais, palácios monumentais e igrejas – românicas, góticas e barrocas – transpiram arte e geraram lendas de demônios e forças ocultas, em uma cidade mística de sonhos que certamente inspirou os contos fantásticos de Franz Kafka.

Dividida pelo Rio Vltava, Praga oferece centenas de pontos de interesse em uma área central compacta e perfeita para ser explorada a pé. O portentoso rio separa a Cidade Velha (Staré Mesto) e a Cidade Nova (Nové Mesto), na margem leste, do Lado Menor (Malá Strana), a oeste. Tomada de turistas dia e noite, a Ponte Carlos é uma das marcas registradas de Praga, construída no século 14 em homenagem a Carlos IV (1316-1378), Imperador Romano-Germânico e rei da Itália. Sobre a ponte, uma cruz com cinco estrelas marca o local onde São João Nepomuceno foi jogado fatalmente nas águas do Vltava a mando do rei da Boêmia Wenceslau IV, em 1393. Seu crime: guardar segredo confessional sobre casos extramaritais da rainha.

Perder-se entre ruas e alamedas estreitas da Cidade Velha é a melhor forma de explorar mais de 1000 anos de charme dessa parte da capital. O coração de Praga é a fascinante Praça da Cidade Velha, o melhor ponto de partida para iniciar a visita. A prefeitura e seu relógio astronômico atraem turistas a cada hora cheia, quando um esqueleto e sua ampulheta, representando a morte, precedem uma procissão de apóstolos. Do lado oposto da praça, as torres da Igreja Tyn destacam-se entre as casas medievais. No templo, jaz o famoso astrônomo dinamarquês

Tycho Brahe (1546-1601). Uma bebedeira em uma festa do imperador Rudolf custou-lhe a vida. Como era impróprio deixar a mesa antes do monarca, o pobre Tycho teve de ficar à mesa até sua bexiga se romper. No centro da praça, uma estátua de bronze do teólogo Jan Hus homenageia o mártir religioso.

Nesse cenário mágico, Kafka descreveu o mundano de forma profunda, em um sistema onde somos massas de manobra sem saber para onde estamos indo e no qual, afinal, não faz sentido ir para lugar algum. Mesmo assim, seguimos tentando, porque talvez o sentido de tudo esteja na própria busca e não em alcançar o que perseguimos. A importância do autor tcheco gerou um adjetivo, usado na maioria das línguas: kafkiano, significando situações absurdas com base na realidade, em um processo complexo de um sistema opressor e confuso, onde não se entende exatamente o que está acontecendo. O nativo de Praga, em seus devaneios fantásticos, pode ter encontrado a melhor forma de definir grande parte de nossa existência.

A cidade das cem torres

A cortina de ferro havia apenas caído quando estive em Praga pela primeira vez. Meu passaporte estampava um visto da Tchecoslováquia, país que se dividiu pacificamente entre duas nações irmãs em 1993. O encantamento foi imediato. Três décadas depois, apesar do número crescente de turistas, ainda é possível afastar-se dos pontos turísticos mais populares e ficar isolado em estreitas ruas medievais, sob a sombra ameaçadora de igrejas e torres seculares.

Um dos locais que me marcou nos anos 1990 foi a Igreja de Nossa Senhora Vitoriosa, famosa por uma pequena estátua, considerada milagrosa, do menino Jesus. Em tempos em que não havia ferramentas digitais de busca, fotografei a placa com o nome da Rua Karmelitska, alimentando o sonho de um dia trazer minha mãe, devota do Menino Jesus de Praga. Felizmente, o desejo realizou-se quando, duas décadas depois, levei meus pais à capital tcheca.

Na mesma margem do rio, o Castelo de Praga é a sede do governo da Boêmia por mais de um milênio (Boêmia e Morávia-Silésia são as regiões que formam a República Tcheca). Os muros do castelo encerram um conjunto arquitetônico e histórico único de palácios, jardins e igrejas. No centro da fortificação, a colossal Catedral de São Vito, cuja construção gótica começou há 680 anos e só foi concluída em 1929, reina imponente. Ao lado do altar-mor, brilha a tumba prateada de São João Nepomuceno (1345-1393). Da cripta real, no subsolo, até o topo da Grande Torre Sul, de onde se tem a melhor vista da cidade, o templo católico por si só justifica a visita a Praga. Ao lado do castelo, uma viela chamada Rua Dourada foi endereço tradicional de alquimistas. Na mesma rua, a casa de número 22 foi uma das residências de Franz Kafka.

Na margem leste do Vltava, em frente ao Museu Nacional, São Venceslau (907-935) está eternizado em uma estátua equestre, na praça que leva seu nome. Mais que uma praça, é uma alameda que foi palco de um século de turbulência e triunfo. De seu pedestal, o antigo monarca e patrono do país testemunhou cinco revoluções: a declaração da nova Tchecoslováquia, com a dissolução do Império Austro-Húngaro, em 1918; a invasão das tropas de Hitler, em 1939; a chegada dos tanques soviéticos, em 1968, conhecida como Primavera de Praga; e, em 1989, a Revolução de Veludo, onda de protestos que levou ao colapso do comunismo e restaurou a democracia na antiga Tchecoslováquia.

Josefov, o antigo distrito judeu, é outra atração imperdível. Em 1180, os cidadãos de Praga resolveram isolar os judeus residentes em Josefov, construindo um muro de quatro metros de altura em torno do bairro. O local permaneceu povoado até a invasão de Hitler, quando a população hebraica foi enviada aos campos de extermínio nazistas. A ideia do führer, de criar um "Museu de Uma Raça Extinta", acabou, ironicamente, preservando os cemitérios e as sinagogas de Josefov. O Antigo Cemitério Judeu é o local mais visitado, com mais de 20 mil tumbas dispostas em 12 camadas que vieram à superfície com o tempo. O túmulo de Kafka fica no Novo Cemitério Judeu, nos subúrbios da cidade.

Eu não poderia deixar de citar a cerveja tcheca, com mais de mil anos de história e saboreada nos animados restaurantes e bares da capital. O estilo pilsener, a primeira cerveja clara (lager), surgiu na cidade de Plzen, na Boêmia, onde uma das antigas marcas, a Pilsner Urquell, segue sendo produzida. A vasta maioria das cervejas feitas no mundo tem inspiração tcheca. Outra cidade da região, Ceske Budovice, dá o nome à original Budweiser Budvar.

Além de bela e carregada de história, a República Tcheca é um país desenvolvido e próspero, e nada disso veio por acaso. Trabalho com equipes e empresas do país há mais de duas décadas e constatei que o profissionalismo, o entusiasmo e o talento que encontro ali resultam de investimento e compromisso com educação de qualidade, colocando a nação de 10,5 milhões de habitantes entre as dez melhores no índice educacional da ONU. Todos os cidadãos têm acesso à universidade gratuita em instituições altamente respeitadas, como a Universidade Carolina, fundada em 1348.

Pode parecer óbvio, mas vale repetir que um país que economiza em educação retroalimenta a visão obtusa, devastadora e, em muitos casos, interesseira, de que há prioridades mais urgentes do que a formação e o caráter de seus cidadãos.

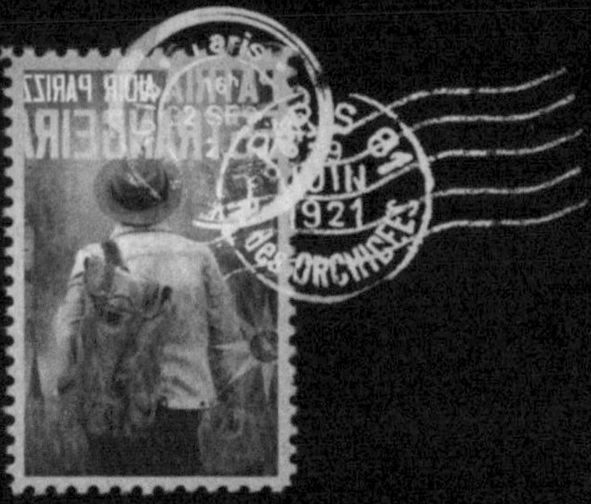

ESLOVÊNIA

Ambientalismo, diversidade e simpáticos dragões

A estátua de France Preseren (1800-1849) está no local de maior destaque da principal praça de Liubliana. Acima do poeta esloveno, sua platônica musa parece seguir inspirando o conjunto de bronze. Respiro aliviado quando uma cidade homenageia um poeta em vez de algum pseudo-herói militar ou político. São detalhes como esse que mostram por que a Eslovênia é considerada um oásis para a mente e o espírito. Preseren foi um brilhante poeta lírico com uma vida quase sempre tomada por agonia e perplexidade, sentimentos transformados em uma magnífica obra poética.

A pequena e montanhosa nação entre os países bálticos e a Europa Central foi ocupada por tribos eslavas no século 6. Cristianizados décadas depois, foram dominados por mil anos pelos Francos e por sua sucessão germânica, o Sacro Império Romano, até a chegada dos Habsburgos, austríacos que governaram a região de meados do século 14 até 1918.

A união com a Iugoslávia aconteceu no final da Primeira Guerra, inicialmente como parte de um reinado seguido pela República Federal Socialista da Iugoslávia, criada durante a Segunda Guerra Mundial. Apesar da destruição trazida por nazistas e fascistas, a proximidade com o Ocidente (Itália e Áustria) e a marcante identidade nacional contribuíram para tornar a Eslovênia a mais pujante das repúblicas iugoslavas sob a batuta de Josip Broz Tito, um filho de uma eslovena com um croata.

A independência veio em junho de 1991. Em poucos anos, o país obteve grandes avanços econômicos, com saudável equilíbrio entre os campos liberal e progressista. Até hoje, a Eslovênia segue sendo o país eslavo com maior PIB *per capita*, o que facilitou a rápida adesão à Comunidade Europeia e à OTAN.

Trezentos e vinte mil dos 2,1 milhões de habitantes do país estão na capital Liubliana. Liubliana quer dizer "a amada", termo que combina com os belos monumentos barrocos, as fachadas art nouveau e as charmosas pontes sobre o Rio Liublianica, que atravessa a cidade. O templo mais famoso do país com 65% de católicos é a rosada Igreja Franciscana da Anunciação (século 17). Originalmente vermelha, a fachada desbotou naturalmente até assumir o rosa-salmão atual, adotado como cor definitiva.

O símbolo da cidade, o dragão, está em todos os lugares. A ponte Zmajsky Most (ponte do dragão) representa a lenda da fundação de Liubliana pelo grego Jasão, que teria domesticado ali a mítica criatura. Para admirar a melhor vista da cidade e da belíssima região, vale a escalada até o Castelo de Liubliana, fortificação de estilos gótico e romanesco que cresceu com a cidade.

Antes de deixar a capital, eu não poderia deixar de visitar meu lugar preferido em todas as cidades eslavas: o Mercado Público. O imperdível labirinto de cultura e tradição traz pelo menos uma inovação curiosa. Uma máquina automática fornece leite *in natura* refrigerado. Basta levar o próprio galão, depositar a moeda local (euro) e observar a "ordenha" eletrônica em ação.

Migrações e xenofobia seletiva

Uma filha da Eslovênia retorna às manchetes globais, embora eu não tenha sentido grande orgulho em seus conterrâneos. Melanija Knavs, hoje Melania Trump, tornou-se a primeira esposa estrangeira de um presidente americano. Paradoxalmente, aquele que quer defenestrar os imigrantes dos Estados Unidos é filho de uma imigrante escocesa, casado com uma eslovena, divorciado de uma tcheca e adotou, inicialmente, um bilionário sul-africano como fiel escudeiro.

Não é sua única incoerência. Como outros líderes conservadores populistas da atualidade, o próximo ocupante da Casa Branca porta a cruz cristã como amuleto demagógico. Deve ter esquecido que a mesma cruz se tornou símbolo religioso ao ser carregada em Jerusalém por um imigrante galileu, pobre, revolucionário e condenado à morte.

Contrastando com as cenas dos presépios, o menino do Oriente Médio, que nasceu em uma estrebaria, veio ao mundo em um ambiente de medo e violência e logo precisou se refugiar em um país vizinho para não ser morto. Passados 2 mil anos, crises de refugiados políticos e econômicos seguem pelo planeta. A vida de Jesus chama-nos a reconhecer a presença divina em todas as pessoas, em especial nas que buscam dignidade e sobrevivência, dentro ou além de suas fronteiras.

BUDAPESTE, HUNGRIA

***Goulash* cultural de antigos invasores**

Os húngaros, assim como os turcos, são originários da Sibéria e estabeleceram-se na fronteira entre Ásia e Europa há cerca de um milênio. Antes deles, a região intercontinental que conhecemos como Hungria sofreu inúmeras invasões. Do oeste, vieram os romanos, que fundaram a cidade de Aquincum (atual Budapeste), às margens do rio Danúbio. Depois, foi a vez dos francos de Carlos Magno. Do leste, chegaram os hunos sob a batuta de Átila no século 5 e, finalmente, no final do século 9, os povos dos Montes Urais conhecidos como magiares.

Lideradas por Arpad, o pai da nação húngara, as sete tribos magiares criaram a nação que conhecemos hoje. A origem remota dos húngaros explica a língua da nação, uma das únicas da Europa que não pertence à família indo-europeia – as demais são o basco, o finlandês e o estoniano.

O primeiro monarca foi Estêvão I (István, 975-1038), coroado no ano 1000 pelo Papa Silvestre II. Por ter implementado o cristianismo entre seus súditos, o rei foi canonizado em 1083. Santo Estêvão é até hoje o santo mais venerado em seu país e sua mão direita está conservada na Catedral Basílica que leva seu nome.

Os anos dourados da Hungria continuaram até o século 13, quando a primeira invasão mongol aterrorizou a região. As tropas de Ogedai Khan não permaneceram por muito tempo, mas foi o suficiente para dizimar a metade dos magiares. A devastação fez com que o território investisse pesadamente na preparação militar, com fortificações por todo o país. A precaução foi providencial. Quando os mongóis retornaram, em 1285, sofreram uma de suas maiores derrotas. O enorme Castelo de Buda, hoje uma atração da capital, surgiu nesse período, acrescentando, ao longo dos séculos, a arquitetura renascentista trazida pelo casamento do Rei Matias Corvinus com a princesa Beatrice, de Nápoles e, posteriormente, o estilo barroco dos Habsburgos austríacos, que também dominaram a região.

O Império Turco-Otomano, para o qual a Hungria capitulou em 1526, também deixou séculos de influência em Budapeste, com marcas na cultura, na culinária e nas construções locais, como os famosos banhos públicos que já somam cinco séculos em atividade. Situada em uma falha geológica, a capital beneficia-se de águas termais que já eram exploradas pelos romanos e seguem à disposição do público. Ainda sobre a culinária, o autêntico goulash, prato originário dos pastores magiares, é um de meus favoritos.

Em 1867, o Império Austro-Húngaro promoveu a fusão de três cidades vizinhas às margens do Rio Danúbio: Buda, Óbuda e Pest. As três formaram Budapeste, dividindo a sede do império com Viena. Foi também um período de construções monumentais, sendo a mais marcante a sede do parlamento, um dos mais belos prédios governamentais do planeta.

Na Primeira Guerra Mundial, a Hungria aliou-se à Alemanha. A derrota e o chamado Tratado de Trianon fizeram com que o país perdesse 72% de seu território, 60% da população e o único acesso ao mar, onde está a atual Croácia.

Como prova de que nem toda lição é aprendida, a Hungria uniu-se novamente à Alemanha na Segunda Guerra. A população de origem judia, que representava um quarto dos habitantes de Budapeste, foi dizimada nesse período, e o país viu sua economia desaparecer. Ficaram marcadas as execuções de judeus às margens do Danúbio. Ali, eram forçados a tirar os sapatos antes de serem fuzilados e jogados no rio. Um belo monumento formado por sapatos de metal relembra o massacre judeu em Budapeste.

O resgate da miséria do pós-guerra veio em 1945, quando a União Soviética libertou o país dos nazistas, restaurou a economia e, é claro, assumiu o controle político, implantando a República Popular da Hungria. Em 1989, com a queda da cortina de ferro, a Hungria foi o primeiro país do leste europeu a se tornar democrático. Com a liberdade, veio o desenvolvimento e a subsequente admissão na União Europeia. A nova democracia húngara, contudo, passaria, a partir de 2010, por um intricado revés.

Viktor Orbán – um camaleão ideológico

Um líder populista precisa dizer que representa o povo e que tem o dever de defendê-lo contra seus inimigos, que por vezes são criados no éter fértil da falsidade e do medo exacerbado. A imprensa livre, as universidades, o sistema judiciário e qualquer outra instituição independente que possa apontar corrupção e desmandos do governo central tornam-se antagonistas a serem domados e controlados.

Em 1989, na Hungria, a promessa e o desejo de democracia aceleraram a transição do comunismo ao capitalismo liberal, em uma marcha franca para o oeste geopolítico. Nessa época, surge uma liderança estudantil de pró-liberalismo e democracia que rapidamente se traduziria em política partidária. Viktor Mihály Orbán nasceu em uma família pobre do interior da Hungria. Ele e seus antigos colegas de universidade criaram um projeto de poder baseado no populismo liberal pró-europeu. Ao assumirem o poder, porém, a política do grupo foi convenientemente se transformando em nacionalismo antiliberal. O projeto foi bem-sucedido, com Orbán como primeiro-ministro desde 2010, e com a democracia húngara sendo gradualmente sacrificada.

Outro inimigo conveniente de Orbán é o bilionário investidor George Soros, um nativo da Hungria que sobreviveu ao holocausto judeu e deixou o país natal ainda na adolescência. A União Europeia também é vista como ameaça à unidade húngara, embora os subsídios que cheguem de Bruxelas sejam sempre bem-vindos, representando mais de 5% do produto interno bruto.

Resumindo, qualquer ataque a Orbán é visto por seus apoiadores como um ataque à Hungria, característica comum nos governos ultraconservadores. Após 15 anos de Orbán como primeiro-ministro, restaram poucas instituições independentes no país. Além disso, o partido no poder, o Fidesz, considera qualquer imigrante como uma terrível ameaça à unidade nacional. Ironicamente, nunca houve um fluxo significativo de estrangeiros na Hungria, que permanece como o país com menor taxa de imigração da Europa.

A situação atual da nação, com alto índice de corrupção, judiciário independente enfraquecido, liberdade de imprensa limitada e sistema de partido dominante, nem sequer permitiria a entrada da Hungria na União Europeia, que a observa com criticismo e, por vezes, cogita removê-la do bloco.

O paradoxo do populismo é o afastamento gradual da democracia aprovado pelos eleitores. Orbán assumiu o poder como um ativista liberal e ferrenho democrata para se tornar um autocrata antidemocrático. Além da forte ligação com a Rússia de Putin, o líder promove frequentes encontros com seus pares da extrema-direita europeia, como o português André Ventura, líder do partido Chega, Santiago Abascal, do Vox espanhol, a francesa Marine Le Pen e o holandês Geert Wilders. Todo eles são perfeitamente alinhados com o presidente americano Donald Trump, que não esconde sua admiração e até segue métodos copiados do líder húngaro. Dentro do mesmo grupo ideológico, não é à toa que a embaixada da Hungria em Brasília é cogitada como um dos potenciais refúgios de um ex-presidente brasileiro, no caso de um mandado de prisão.

O populismo, venha de onde vier, faz amiúde com que o povo vote apaixonadamente no próprio carrasco. Esse sonambulismo consciente, na direção da autocracia e do regime de exceção, volta a ameaçar várias nações democráticas. Como diz um ditado japonês, "se pegares o trem errado, desce na estação mais próxima. Quanto mais ficares no trem, mais caro será o retorno para casa". Eu ainda completaria: evite tomar o trem errado novamente! Um sábio ditado que, é claro, nunca foi sobre trens.

ARMÊNIA

A primeira nação cristã

Antes de partir em direção ao norte da Armênia, a primeira frase que escutei do erudito guia David foi: "Bem-vindo a um dos dias mais interessantes da tua vida". O decorrer daquele ensolarado final de semana mostraria que ele tinha razão. A Armênia possui uma cultura ancestral monoétnica em um território montanhoso, histórico e turbulento da Ásia Ocidental.

O país já estava estabelecido nove séculos antes de Cristo e atingiu seu auge no século 1 a.C., quando o monarca armênio Tigranes, o Grande (140 - 55 a.C.), reinava do Cáucaso até Jerusalém. No ano 301, a Armênia tornou-se o primeiro país do mundo a adotar o cristianismo como religião oficial. Desde então, pouco mudou no rito da Igreja Ortodoxa Apostólica Armênia, que permaneceu independente das igrejas ortodoxas orientais e do mundo cristão ocidental. Os belíssimos monastérios e igrejas espalhados pelo país, capitaneados por cerca de 700 padres, representam um museu vivo do protocristianismo que, segundo os nativos, teria sido fundado pelo apóstolo Bartolomeu. Alguns brincam ao dizer que os armênios já eram cristãos antes de Cristo.

O maior ícone da nação fica, curiosamente, na vizinha Turquia. Presente nos símbolos nacionais, na literatura e na moeda local, o sagrado Monte Ararate (5.137 metros de altitude) é o pano de fundo da capital Yerevan, encravada na fronteira entre os dois países. Embora não haja referência bíblica específica no livro do Gênesis, a montanha foi historicamente identificada com o local onde a Arca de Noé teria encalhado após o dilúvio.

Enchentes e terremotos, aliás, seguem assombrando a pequena nação. Pelas estradas armênias, observei os estragos causados pelas cheias de maio de 2024 na região norte do país. Catástrofes naturais, como as 35 mil mortes causadas por um terremoto em 1988, fazem parte da longa e sofrida história do país, assim como os massacres causados por invasões estrangeiras. Romanos, persas e otomanos foram responsáveis por ataques regulares. O pior deles aconteceu durante a Primeira Guerra, quando os turcos perpetraram o Genocídio Armênio, matando 60% da população de 2,5 milhões de habitantes. Boa parte pereceu, sem água e sem comida, em uma marcha forçada pelos militares otomanos na direção dos desertos da Síria.

O morticínio (1915-1923) causou um êxodo sem precedentes. Hoje, há 2,5 milhões de habitantes no território armênio e mais de 10 milhões de nativos e descendentes vivendo em outros países, em especial na Rússia, nos Estados Unidos e na França. Expoentes de etnia armênia incluem o cantor Charles Aznavour, o tenista André Agassi, Kim Kardashian, a cantora Cher, o pai da cirurgia plástica, Varaztad Kazanjian, e os inventores Raymond Damadian (ressonância magnética), Luther George Simjian (caixa eletrônico) e Gabriel Kazanjian (secador de cabelo).

Outro curioso efeito do extermínio foi a proibição, desde a década de 1920, de freiras no país. A Igreja da Armênia vetou a ordenação de mulheres para que a população crescesse mais rapidamente. Casar e ter filhos transformou-se em prática obrigatória.

A história mostra que civilizações antigas, convivendo em uma mesma região, tendem a entrar seguidamente em confusão. A Armênia não é exceção. Dos conflitos com otomanos, romanos e persas ao quiproquó atual com o Azerbaijão em torno do exclave de Nagorno-Karabakh (nesse caso, o Azerbaijão parece ter razão), a história do país está repleta de batalhas sangrentas. Internamente, o problema não é menor. Em 1999, uma organização terrorista armênia entrou no parlamento com fuzis Kalashnikov e abriu fogo. O Primeiro-Ministro Vazgen Sargsyan foi uma das vítimas fatais. Vicissitudes à parte, a Armênia é uma nação simpática e culturalmente rica, que vale a pena estudar e visitar.

No pequeno vilarejo de Sanahin, surpreendi-me ao ver um monumento de concreto sobre um caça MiG-21. Descobri então que aquele é o local de nascimento dos irmãos Artem e Anastas Mikoyan. Artem (1905-1970) é um dos inventores dos aviões MiG (abreviação de Mikoyan-Guryevich), que revolucionaram a aviação militar com flexibilidade e agilidade inéditas. O irmão dele, Anastas (1895-1978), foi o membro mais longevo do politburo soviético, de Stálin a Brezhnev. Como um dos pontos altos da minha visita, ficou a agradável conversa com a neta de Artem Mikoyan, que hoje cuida do pequeno museu dedicado aos famosos irmãos armênios.

ALBÂNIA

Etnia e língua que ultrapassam o território

A vasta Praça Skanderbeg, no coração da capital Tirana, propicia um passeio pela turbulenta e interessante história da Albânia. O pequeno país dos Bálcãs tem 2,8 milhões de habitantes espalhados entre uma belíssima região montanhosa, no interior, e campos férteis com praias magníficas na costa dos Mares Adriático e Jônico, em uma área total do tamanho do estado brasileiro de Alagoas. É preciso lembrar que há também 6 milhões de albaneses fora da terra natal, além dos descendentes de imigrantes que escaparam para a Europa ocidental na diáspora pós-invasão turco-otomana, no século 16. Albaneses formam ainda a imensa maioria da população do Kosovo, país disputado pela Sérvia e que divide etnia e língua com a Albânia.

Na fachada do Museu Histórico Nacional, um enorme mosaico resume um fator constante da história albanesa: a resistência a invasores externos. Habitada por tribos ilírias na antiguidade (a língua albanesa provém dos ilírios, considerada mais antiga que o latim), a Albânia, ou Shqiperia na língua local, foi invadida pelas tropas de Alexandre Magno, colonizada pelos gregos, anexada pela República Romana, ocupada por Bizâncio, teve regiões incorporadas à República de Veneza, quatro séculos de ocupação turco-otomana (até 1912), invasão fascista e nazista durante a Segunda Guerra e assédio permanente dos vizinhos balcânicos. Após 1945, uma revolução criou a República Popular Socialista da Albânia, até que, em 1991, a queda do comunismo permitiu a formação da atual República da Albânia. Por milênios, a nação foi vítima de sua geografia, posicionada na crítica transição entre Ocidente e Oriente.

O nome da principal praça da capital remete ao grande herói nacional: Gjergj Kastrioti (1405-1468), comandante militar mais conhecido como Skanderbeg. Kastrioti representa a resistência à ameaça estrangeira, exaltado por ter impedido, por 25 anos, o avanço dos turco-otomanos sobre a Albânia e a Europa. Após sua morte, o país sucumbiu ao domínio muçulmano, em 1506. Na praça, além da impressionante estátua equestre de Skanderbeg, vê-se a águia bicéfala do brasão da família Kastrioti ocupando a imensa bandeira albanesa.

Com os turco-otomanos veio a islamização em massa do país, entre os séculos 17 e 18. Hoje, muçulmanos sunitas são 60% da população. Na praça Skanderbeg, visitei também a Mesquita Et-Hem Bey, fechada pelo regime comunista e onde, em 1991, um protesto pacífico foi determinante para o retorno da liberdade religiosa no país. Próximo dali está a bela Catedral da Ressurreição, sede primaz da Igreja Ortodoxa Autocéfala da Albânia, denominação resultante da influência bizantina, em especial na região que faz fronteira com a Grécia. A propósito, em 1054, o Grande Cisma do Oriente já havia dividido os cristãos albaneses entre católicos no norte e ortodoxos no sul.

Sob um calor senegalesco de julho, deixei o restante da família divertindo-se na paradisíaca praia de Ksamil e segui mais alguns quilômetros ao sul, em direção à região de fronteira com a Grécia. O objetivo: visitar a antiga cidade de Butrint, parque nacional que representa um fragmento importante da história do Mediterrâneo. A ilha, destino cultural mais visitado da Albânia, oferece uma incrível viagem por diferentes períodos históricos a partir do século 8 a.C., passando por gregos, romanos, bizantinos, venezianos e otomanos. No poema épico Eneida, o poeta Virgílio narra a visita do troiano Enéas a Butrint. Caminhar por templos, praças (ágora), anfiteatro, aquedutos, termas e residências milenares me fez esquecer a ameaça de insolação nas longas caminhadas pelos quase 10 mil hectares do parque arqueológico, tesouro que só foi descoberto há menos de um século.

Eu procuro estudar sobre uma nação antes de visitá-la. A Albânia foi um dos países europeus mais complexos com que me deparei. Em sua história mais recente, destaca-se a revolução socialista liderada por Enver Hoxha, referência ideológica que teve influência até mesmo na política brasileira no final do século 20.

Libertação dos invasores e a transição democrática

Caminhando pela bela Gjirokastër, cidade de origem bizantina e arquitetura otomana nas montanhas da Albânia, notei no comércio local e em restaurantes típicos lembranças e imagens do ex-líder comunista Enver Hoxha (1908-1985), o filho mais famoso do lugar. Para conhecer melhor a história albanesa do século 20, é preciso driblar armadilhas ideológicas e informações distorcidas por interesses externos.

Se, por um lado, o comunismo albanês (1948-1991) foi embrutecendo gradativamente, é preciso reconhecer também o forte preconceito que o país sofreu devido à experiência socialista. É essencial respeitar um povo que leva, na memória coletiva, sofrimento, história e tradições acumulados por dezenas de gerações. Opiniões à parte, o socialismo foi a solução encontrada para a nação emergir da penúria secular que a oprimia.

Em 1912, protestos resultaram na independência do país do império otomano e na proclamação da república. Duas décadas depois, uma turbulenta disputa política colocou no poder Ahmed Zog (1895-1961), forte aliado de Benito Mussolini. Tão logo foi eleito, Zog autoproclamou-se rei da Albânia e iniciou uma política de entreguismo aos fascistas, que ocuparam o país econômica e culturalmente em uma colonização baseada no endividamento. Em 1939, a Itália, sem resistência, anexou a Albânia, enquanto Zog fugia para a Grécia. Na bagagem, todo o ouro dos cofres do país.

O artificial Partido Fascista Albanês foi rejeitado pela população local, formada por 87% de camponeses. Em represália, protestos foram proibidos e a pena de morte aplicada para crimes políticos. Nas montanhas do país, formaram-se movimentos de resistência com inspiração maoista, e nesse momento surge a liderança de Enver Hoxha (pronúncia: Ródja), unindo antifascistas e a população rural. Enver foi, sem efeito, condenado à morte *in absentia* pelos italianos.

Com a rendição da Itália na Segunda Guerra, em 1943, os alemães preencheram o vácuo deixado pela Itália, invadindo a Albânia com a violência típica das tropas de Hitler. A repressão nazista foi ainda mais cruel, tratando os nativos de forma subumana. A base da luta contra os nazistas passa a ser a filosofia de Antonio Gramsci, pensador italiano de mãe albanesa. A elite local, porém, afeita a privilégios, associa-se ao nazismo. Em 1944, por forças próprias, a Albânia elimina o nazifascismo e logo é criado o estado socialista albanês, sob a liderança de Hoxha.

Como vemos sempre em regimes totalitários, o comunismo albanês desceu gradativamente para a truculência. A obsessão com espionagem e ameaças externas produziu abrigos militares por todo o país, incluindo vastos *bunkers* que hoje são memoriais na capital Tirana. Hoxha, apesar dos pesares, trouxe avanços significativos. O país foi eletrificado, ferrovias e estradas construídas e uma melhoria vertiginosa da indústria e da agricultura foi gerada. Urbanização, saúde e educação (analfabetismo, de 80% no pós-guerra, foi erradicado) melhoraram o nível de vida sensivelmente.

Em 1991, a Albânia evoluiu para uma democracia. Constatei nas ruas que, embora a imagem de Hoxha nutra certa simpatia entre os albaneses, é certo que retrocessos no processo democrático seriam inadmissíveis. A pobreza e os problemas culturais pontuais estão sendo resolvidos – para dirigir, serviu-me a experiência do trânsito brasileiro – e o país encaminha sua entrada na Comunidade Europeia com desenvolvimento, educação, valorização da cultura e da ciência. O Partido Socialista venceu as três últimas eleições e segue a política que modernizou a economia e aprofundou a democratização das instituições. Como exemplo, metade dos ministérios é ocupada por mulheres.

Nos anos 1970, a esquerda brasileira construiu boa parte de sua ideologia baseada no socialismo albanês. Na ditadura militar, o movimento estudantil ajudou na redemocratização e no avanço de políticas sociais que hoje são quase um consenso. Foi um ponto de partida, mas, passado meio século, já passou da hora de os progressistas modernizarem-se, até para que evaporem movimentos antidemocráticos como os que vimos recentemente. Em pleno século 21, extremismo e anacronismo não podem mais ser tolerados, em qualquer espectro da política.

No memorial Bunk Art, em Tirana, marcou-me uma frase de Anjezë Bojaxhiu, santa católica de origem albanesa, mais conhecida como Madre Teresa de Calcutá: “O mal cria raízes quando um homem passa a pensar que é melhor que os outros.”

TBILISSI, GEÓRGIA

Os lobos do Cáucaso

Em 1993, na mudança da Rússia para a Alemanha, deixei para trás dezenas de livros que havia comprado em Moscou. No final do mesmo ano, para resgatar uma parte deles, combinei um encontro em Viena com um amigo que viria da capital russa. Além dos livros, ele trazia na bagagem conhaque georgiano. Ao abrirmos a mala, notamos que uma das garrafas do saboroso destilado havia se quebrado, ensopando as páginas de várias obras. Até hoje, abro aqueles livros e sinto o agradável aroma que impregnou o papel, as memórias e, em mim, a vontade de conhecer a Geórgia.

Há muita confusão em torno do nome do país, sendo amiúde confundido com o homônimo estado nos EUA, este uma homenagem ao rei britânico George II. Já o nome internacional do montanhoso país no sul do Cáucaso não se refere, como muitos acreditam, a São Jorge, embora o santo seja quase uma divindade na religião ortodoxa local. Localmente, o país se chama Sakartveil (terra dos cartevélicos), referência aos antigos povos protogeorgianos. Os 5 milhões de habitantes da Geórgia usam alfabeto e idioma próprios, sem conexão com outras línguas vivas. Acredita-se que o vernáculo tenha raízes linguísticas na antiga Mesopotâmia.

O nome Geórgia remonta à história de lutas dos caucasianos contra os persas aquemênidas, poderosos imperialistas dos séculos 5 a 3 antes de Cristo. *Gürg*, em persa, quer dizer lobo, apelido que os povos do atual Irã deram aos georgianos pelo hábito de atacar à noite. Três séculos antes de Cristo, os persas de Dario II foram expulsos por Alexandre, o Grande, mas o apelido do país ficou eternizado. A Geórgia possui imensa riqueza histórica e cultural, difícil de ser resumida adequadamente. A geopolítica foi determinante para o destino da pequena nação, desconfortavelmente situada no passado entre os impérios romano e persa.

No ano 338 d.C., uma grega chamada Nina visitou a Geórgia e acabou convencendo a rainha Míriam III (284-361) a se converter ao Cristianismo, fazendo do país um dos primeiros a adotar a religião cristã. Mais tarde, apesar da constante pressão muçulmana dos vizinhos persas e turcos, o país manteve sua crença. A invasão mongol, em 1220, foi implacável e a virtual destruição do país foi consumada pelas tropas de Tamerlão (1336-1405), imperador turco-mongol do atual Uzbequistão.

A resistência ao Islã, contudo, prosseguiu em meio às guerras entre otomanos e persas. No final do século 18, para proteger seu povo, o Rei Erekle II decidiu se unir com outra nação cristã, a poderosa Rússia Imperial. Os russos venceram os iranianos em 1813, e a Geórgia foi incorporada ao vasto império. Seguiu-se a dominação soviética até a queda da cortina de ferro e a independência da nação, em abril de 1991.

O período pós-independência foi deveras turbulento. Destaca-se a Revolução das Rosas, em 2003, movimento pacífico que resultou na renúncia do presidente pró-russo Eduard Shevardnadze, marcando o final efetivo da era soviética no país. O título da revolução provém do épico momento em que os manifestantes, liderados por Mikheil Saakashvili, invadiram pacificamente uma sessão do parlamento carregando rosas nas mãos.

Na capital Tbilissi, há muito para ver e aprender. A cúpula dourada da Catedral da Santíssima Trindade domina a paisagem urbana. A Praça da Liberdade dá origem à bela Avenida Shota Rustaveli, onde uma caminhada pelo bulevar que homenageia o poeta georgiano do século 12 mostra a influência soviética, da arquitetura brutalista à farta oferta de livros pelas calçadas. Um teleférico leva da cidade antiga, às margens do Rio Kura, até o topo do castelo Narikala, de onde se tem uma vista espetacular da cidade.

De acordo com achados arqueológicos, a vinicultura na Geórgia tem mais de 7 mil anos. Ao desembarcar na bela capital Tbilissi e passar em frente às lojas do aeroporto, o perfume dos conhaques locais me fez lembrar imediatamente do resgate de livros russos de três décadas antes. Foi uma inesquecível recepção no país que me conquistou pelo aroma bem antes de conhecê-lo pessoalmente.

Josef Stalin, herói e vilão

No Museu Nacional da Geórgia, em Tbilissi, um dos meus objetivos era visitar o setor dedicado à ocupação soviética. Centenas de objetos, documentos, fotografias e filmes mostram tanto o desenvolvimento industrial e econômico que Moscou proporcionou, bem como a opressão política, cultural e religiosa à qual o país foi submetido no período em que a nação foi uma das repúblicas da URSS. Há destaque especial para o mais famoso georgiano da história, admirado até hoje por muitos em seu país natal.

Filho de um sapateiro alcoólatra e de uma resiliente faxineira, Ioseb Besarionis dze Jugashvili (1878-1953) nasceu em

Gori, norte da Geórgia, na época parte da Rússia Imperial. Na adolescência, a mãe o enviou para o Seminário Espiritual Ortodoxo em Tiflis (atual Tbilissi). Mais que o sacerdócio, era uma oportunidade única para famílias com poucos recursos de dar uma educação de qualidade aos filhos. Na capital, o jovem entrou em contato com os livros de Karl Marx e, expulso pelos religiosos, dedicou-se ao idealismo anticzarista liderado por Vladimir Lenin. Sua primeira função foi a de editor do *Pravda*, jornal do Partido Social Democrata dos Trabalhadores Russos.

Foi então que o georgiano adotou o famoso nome: Josef Stalin ("de aço", em russo). Como parte do movimento bolchevique, Josef passou a organizar operações paramilitares no Cáucaso, incluindo atividades criminais para obter fundos para a facção revolucionária organizada por Lenin. Em 1913, após várias prisões e fugas, Stalin foi exilado na Sibéria pela polícia czarista, onde permaneceu até a abdicação do imperador Nicolau II, em fevereiro de 1917.

De volta à Rússia ocidental, Stalin foi membro ativo da Revolução de Outubro e, com a morte de Lenin, sabotou o adversário político Leon Trótski para assumir a liderança da União Soviética, em 1922. Oito anos depois, centralizou o poder, transformando o que era uma liderança coletiva no período totalitário que ficou conhecido como Stalinismo, que duraria até sua morte.

O ditador conduziu o país durante a Segunda Guerra Mundial. Em 1939, a URSS assinou um acordo de não agressão com os nazistas (Pacto de Molotov-Ribbentrop). Traído em 1941 por um líder ainda mais nefasto, Adolf Hitler, Stalin uniu-se aos aliados. O Exército Vermelho invadiu Berlim em 1945, e a determinação das tropas soviéticas foi fator fundamental para a queda do nazismo. A partir daí, Stalin consolidou a União Soviética como uma das duas grandes potências mundiais, no período de tensão conhecido como Guerra Fria.

Embora fizesse a autopropaganda de homem benevolente e de herói nacional, a paranoia de Stalin no politburo soviético tornou-se notória. Dos 139 membros do comitê central, ele mandou executar 93. No âmbito militar, 81 de seus 103 generais foram executados, sem falar nas centenas de milhares de prisioneiros políticos que receberam passagens só de ida para campos de trabalho siberianos (*gulags*). O georgiano tem até hoje sua reputação dividida entre a de um ditador cruel, que causou a morte de milhões no próprio país, e a de um líder revolucionário, que transformou uma sociedade agrária e desigual em potência econômica mundial.

A Geórgia só iniciou oficialmente o processo de desestalinização em 2003, com a renúncia do presidente pró-russo Eduard Shevardnadze. Disputas territoriais com o país de Putin resultaram em um violento conflito, culminando na guerra entre a Rússia e a Geórgia, em 2008. Até hoje, não há relações diplomáticas entre as duas nações, embora exista intensa atividade comercial entre ambas. A dissolução da URSS ainda gerou, em território georgiano, dois países que teoricamente não existem: a Ossétia do Sul e a Abcázia, regiões autônomas no período soviético que declararam independência em 1991 e seguem protegidas por tropas russas.

Um indício de que o Stalinismo ainda exerce forte influência geopolítica, sete décadas após a morte de Stalin, é o atual conflito entre a Rússia e a Ucrânia. As políticas agrícolas de três décadas de centralização stalinista geraram frequente escassez de alimentos na Ucrânia, notadamente no período de fome e morte conhecido como Holodomor. Entre outras coisas, tal penúria criou nos ucranianos um forte movimento anti-Moscou e, consequentemente, pró-nazista durante a Segunda Guerra, sentimento ainda não bem resolvido. Um dos argumentos usados por Putin durante a invasão em 2022 foi o propósito de desnazificar a Ucrânia.

HELSINQUE, FINLÂNDIA

Educação de excelência (com inspiração brasileira)

Após sete séculos no fogo cruzado entre Suécia e Rússia, a Finlândia finalmente conquistou sua independência em 1917. Com milhares de lagos e mais de dois terços de seu território ocupados por floresta boreal, o país converge sua vibrante inovação, peculiar arquitetura e perfeita combinação de modernismo e história na elegante Helsinque (Helsingfors).

"Arquitetura é nossa forma de expressão, já que nossa língua é impraticável". A brincadeira do arquiteto finlandês Alvar Aalto, sobre a nação de pouco mais de 5 milhões de habitantes e língua ininteligível para forasteiros, parece refletir o ambiente da capital. Localizada entre o Mar Báltico e dois grandes lagos ao norte, Helsinque é considerada modelo de planejamento urbano, com avenidas largas, prédios grandiosos e funcionais, parques verdejantes e lagos imponentes.

O multiculturalismo expressa-se, entre outros aspectos, na mistura saudável de igrejas protestantes e catedrais ortodoxas, estas últimas uma herança dos vinte anos de ocupação da Rússia czarista. A cidade tornou-se a capital em 1812. O arquiteto alemão Carl Engel projetou uma cidade com a grandiosidade russa modelada pelo art nouveau e estruturas modernistas. As principais atrações estão a poucos passos umas das outras, com o coração na Praça do Senado, dominada pela alva e imponente Igreja da Cúpula (Tuomiokirkko), no estilo ortodoxo russo simples e elegante do século 19.

Ao leste da cidade, outro templo é parada obrigatória. A Catedral Ortodoxa Uspenski é a maior igreja ortodoxa da Europa Ocidental, com seus tijolos vermelhos coroados pelas inconfundíveis "cebolas" douradas.

Explorando a periferia, encontrei a magnífica Igreja Temppellaukio, escavada em uma rocha e coberta por uma abóboda que parece suspensa por raios solares. Fechei a visita admirando o Monumento de Jean Sibelius, homenageando um dos grandes compositores do século 20.

Além das atrações locais, a proximidade de duas cidades imperdíveis – São Petersburgo, Rússia, e Talinn, Estônia – proporciona excepcional riqueza cultural em um raio de duas horas de navegação pelas geladas águas do Golfo da Finlândia.

O modelo de educação finlandês é reconhecidamente um dos melhores, senão o melhor, do mundo, admirado pela metodologia e, obviamente, pelos excelentes resultados alcançados ano após ano. Uma das maiores inspirações pedagógicas na Finlândia vem da filosofia e dos ensinamentos do educador Paulo Freire. O país mantém um centro de estudos em educação com seu nome (há outros nos EUA, Canadá e em vários países europeus).

Nomeado patrono da educação em 2012, Freire recebeu homenagens e títulos em dezenas de universidades europeias e americanas. Infelizmente, morreu (1997) sem ver seus métodos aplicados em seu país, coisa que até hoje não aconteceu. Menos mal que não precisou escutar absurdos, vindos de seus compatriotas, motivados por questões meramente políticas.

Seu legado, aclamado e admirado no mundo desenvolvido, tornou-se bode expiatório da precária qualidade da educação brasileira para parcela significativa de seus conterrâneos, em geral, aqueles que não o leram ou pouco entenderam sobre o pedagogo pernambucano.

No Brasil, Freire é, ironicamente, vítima da ignorância contra a qual dedicou uma magnífica obra literária e pedagógica. Sua pedagogia substitui o conceito "bancário", em que o aluno é visto como tábula rasa aberta às preleções do professor, pelo ensino baseado no diálogo e na interação com o ambiente do aprendiz. Esse florescer da responsabilidade crítica e do poder criativo, consensual fora do Brasil, já é adotado em países desenvolvidos, como é o caso da Finlândia, há décadas.

Coincidência ou não, os que atacam Paulo Freire são, em geral, os mesmos que combateram vacinas, acreditaram em vermífugo para tratamento de vírus, defenderam a proliferação de armas contra a violência, idolatraram a filosofia política de um astrólogo parlapatão e pediram supervisão militar para melhorar a educação das crianças. Por enquanto, no Brasil, segue vivo e forte o costume de tentar combater o veneno atacando o antídoto.

MALTA

Uma viagem no tempo e na história

No ano 59 d.C., Saulo (Paulo) de Tarso fez sua primeira viagem a Roma, partindo de Cesareia, no atual estado de Israel. Ele havia sido preso em Jerusalém e, por ser cidadão do Império Romano, apelara a César para ser julgado na capital imperial. Após passar por Creta, última escala da viagem, a embarcação naufragou e Paulo refugiou-se por três meses em uma caverna na costa da ilha de Malta. O local é hoje conhecido como Gruta de São Paulo, destino de peregrinos devotos do santo que era perseguidor de cristãos até o ano 36 d.C., quando se converteu ao Cristianismo e tornou-se o maior influenciador filosófico e espiritual da bacia do Mediterrâneo.

Fazendo a rota marítima inversa de Paulo – por sinal, o mesmo caminho percorrido pelos primeiros habitantes de Malta há 5 mil anos –, atravessei os 80 quilômetros que separam a lendária Siracusa, na Sicília, de Valletta, capital do pequeno país cercado pelo Mar Mediterrâneo. Na aproximação do porto, a vista das muralhas da cidade e suas construções em pedra arenítica me deram a impressão de que, além das milhas náuticas percorridas, havia feito uma jornada no tempo e na história. A arquitetura e o relevo da ilha explicam a escolha de inúmeros cineastas de ali filmar cenas de filmes épicos e com paisagens bíblicas.

A República de Malta é um arquipélago de 316 quilômetros quadrados, entre a Itália e o norte da África. O país é densamente povoado, com cerca de 500 mil habitantes. A língua oficial é o maltês, uma variação do árabe siciliano. Os idiomas mais falados, contudo, são o inglês e o italiano, que até 1934 era o vernáculo principal. Disputada historicamente pela localização estratégica, a nação carrega marcas das sucessivas ocupações de fenícios, romanos, gregos, árabes, franceses e, finalmente, britânicos. Estes dominavam a ilha desde 1814, quando finalmente concederam a independência à nação em 1964. A Rainha Elizabeth II ainda permaneceu como chefe de estado por mais 10 anos, até a formação da atual república. Malta integra a Comunidade Europeia desde 2004.

A capital Valletta é uma cidade muito agradável, repleta de construções históricas erigidas com as pedras claras do local, simpáticos bairros, ruas estreitas e um povo muito hospitaleiro. A maior atração é a Cocatedral de São João Batista, sede episcopal que é dividida com outra igreja na cidade de Mdina. Construída pela Ordem de São João, no século 16, o templo possui uma magnífica decoração interna, com paredes detalhadamente esculpidas e pinturas que retratam cenas da vida do Batista. Em um dos oratórios, duas pinturas de Caravaggio (Michelangelo Merisi, 1571-1610) destacam-se, com uma delas, "A Decapitação de São João", considerada obra-prima do pintor lombardo, um mestre da técnica *chiaroscuro* (uso de luz e sombra). O piso da igreja é completamente coberto pelas tumbas de mármore de cerca de 400 cavaleiros e oficiais da ordem católica. A cripta contém túmulos de grandes mestres da instituição fundada em Jerusalém – oficialmente, Ordem de São João do Hospital de Jerusalém – há quase um milênio, identificada até hoje pela dedicação e pelo cuidado dos enfermos e dos mais necessitados. A Cruz de Malta é o principal símbolo da ordem. Curiosamente, o clube carioca Vasco da Gama, ligado à navegação portuguesa e que por isso deveria usar em seu distintivo a Cruz da Ordem de Cristo, tem na camiseta a Cruz Párea e, para completar a confusão, ainda a chama erradamente de Cruz de Malta até no hino.

Malta é um dos inúmeros exemplos de países fortemente influenciados pela geografia e por acontecimentos religiosos, o que pode ser bênção ou maldição para uma nação. São Paulo, salvo pela providencial localização da ilha e pela hospitalidade de seus habitantes, foi decapitado poucos anos depois pelos romanos, mas não sem antes se tornar fator imprescindível na formação teológica do cristianismo a partir da cidade eterna. Talvez por isso a pequena Malta siga fortemente influenciada pela tradição cristã.

999 degraus conduzem ao arco natural de Tianmen, em Hunan, China

Colunas de rocha arenítica de Wulingyuan foram formadas há 300 milhões de anos. Hunan, China

Visitar o Palácio Gyeongbok em trajes típicos é tradição em Seul, Coreia do Sul

Praça Reguistão
é a principal atração
de Samarcanda, Uzbequistão

Prisão de Seodaemun, em Seul, erguida pelo Japão, resta como um símbolo da resistência coreana

Palácio Gyeongbok abrigou a dinastia coreana Joseon (1392-1897)

Águias douradas, usadas na caça, são simbólicas para o Quirguistão

O vasto Bazar Osh, em Bishkek, Quirguistão

Um dos salões do Palácio Kohi Navuz, em Duxambé

Estátua do poeta tajique Rudaki,
em Duxambé, Tajiquistão

Anfiteatro romano construído em 138 d.C. pelo imperador Antonino Pio, em Amã, Jordânia

Chamados de "As Chamas", prédios de Baku simbolizam a tradição do fogo

O Monastério é um dos inúmeros templos de Petra, Jordânia

Desfiladeiro que dá acesso
a Petra desemboca no Tesouro,
uma tumba real

Casa dos Sovietes, em Tiraspol, Transnístria

Os diversos estilos do Forte do Bahrein representam diferentes culturas

Praças e ruas de Tiraspol aludem a um passado russo e sovético

Estátua do comandante russo Alexander Zuvorov,
no centro de Tiraspol, Transnístria

Ponte Carlos e o Castelo de Praga, na magnífica capital tcheca

Palácio do Congresso da Hungria, em Budapeste

Monumento às vítimas do holocausto,
na margem do Rio Danúbio,
em Budapeste

Mosteiro de Halpate, Armênia, construído no século 10

Arquitetura otomana nas pitorescas ruas de Gjirokaster, Albânia

Presbitério e abside da Basílica de São Vital, em Ravenna, Itália

A colossal catedral de Lincoln, Inglaterra, construída por Guilherme, o Conquistador, no século 11

Praça do Plebiscito, no centro histórico de Nápoles, Itália

Acrópoles, praças e templos na Praça Maior de Tikal, Guatemala

Mãe Migrante - Florence Leona Christie, registrada pela fotógrafa Dorothea Lange

Os dias do AI-5 - Aidir Parizzi (sênior) sob o olhar da comitiva presidencial, em Rio Grande-RS

Missões Guaranis - Sítio arqueológico de São Miguel Arcanjo é Patrimônio da Unesco

BARCELONA

Revolução de formas e mentes

"Se tentares ser sempre normal, nunca saberás o quão incrível tu podes ser" (Maya Angelou).

Nas construções sem linhas retas de Gaudi, no criativo traçado urbano e no comportamento, Barcelona desafia os limites em tudo que faz. Através da arte, a cidade criou uma espécie de realidade alternativa, em especial no renascimento cultural que se deu após o final do regime opressivo de Francisco Franco. A cidade lidera a região autônoma da Catalunha, que, além do idioma catalão, possui mentalidade e identidade próprias. De tempos em tempos, aliás, o movimento pela independência segue tirando o sono do governo espanhol e da realeza madrilenha.

Para ter a melhor vista e contemplar o planejamento urbano de largas avenidas e quarteirões octogonais, o Castelo de Montjuic é o ponto mais alto da cidade. Já para entender o espírito catalão, o mercado público (La Boqueria) é um ótimo ponto de partida. Sob uma estrutura metálica modernista, temos uma demonstração da vitalidade, da simpatia e dos sabores de Barcelona.

Outra caminhada imperdível inicia-se no Monumento a Colombo – italiano que os locais acreditam ser catalão –, cravado na antiga região portuária às margens do Mediterrâneo. Dali parte La Rambla, rua de pedestres que termina, um quilômetro adiante, na Praça Catalunha, centro da cidade. A alameda corta a chamada Cidade Velha (Ciutat Vella), em cujo entorno estão as principais atrações, como as construções inconfundíveis de Antonio Gaudi.

O primeiro exemplo do estilo revolucionário do arquiteto foi o Palácio Güell, seguido pelo naturalismo da Casa Milá (La Pedrera), pelas sinuosas curvas da Casa Batló e pela combinação ímpar de formas e cores do Parque Güell. Acima de qualquer outra, porém, uma obra-prima de Gaudi rendeu-lhe o título popular de arquiteto de Deus: A Basílica La Sagrada Familia.

Um pacto de imaginação e engenharia

No coração da cidade, tal qual um castelo de areia que emerge em direção ao céu, um templo católico foge de qualquer padrão. O trabalho mais enigmático de Antonio Gaudi começou a ser construído em 1882 e tem conclusão prevista para 2026, ano do centenário da morte do arquiteto. Quando a última das dezoito torres, a Torre de Cristo, for concluída, seus 173 metros tornarão La Sagrada Familia a igreja mais alta do mundo. As formas que imitam a natureza transmitem leveza ao conjunto, apesar das 200 mil toneladas de concreto e pedra usados na construção. Sem ajuda do Vaticano, a obra foi financiada por paroquianos e, nos últimos anos, por milhões de turistas.

Em minha primeira visita a Barcelona, em 1992, a basílica ainda não tinha interior ou teto, mas apenas oito torres em duas fachadas: a da Natividade, a única que Gaudi viu materializada como um incrível jardim vertical de concreto, e a da Paixão, de forma esqueletal e austera. Na última visita, há poucas semanas, pude finalmente presenciar o ápice da genialidade de Gaudi e dos arquitetos subsequentes, que seguiram fielmente a condução da magnífica obra repleta de significado religioso e filosófico.

Se o exterior nos deixa fascinados, nada se compara à sensação de passar pelas colossais portas de bronze do templo católico e penetrar na selva colunada de sua nave principal. Sob o portal, duas letras gregas, alfa e ômega, convidam a refletir sobre nossa origem e nosso destino.

As formas da natureza representam para Gaudi um retorno aos cristãos originais, para os quais a floresta serviu como primeira catedral. Ao contemplar as colunas, entrevemos também ossos e tendões. Não se trata somente de biomimetismo, mas de um santuário que reúne religião, ciência e natureza. Sobre o altar minimalista e moderno, o baldaquino de tecido lembra os usados nas procissões católicas, protegendo um crucifixo que parece flutuar sobre a nave.

Uma escada em espiral conduz à enorme cripta. Em um dos recessos subterrâneos, sob uma imagem carmelita da Virgem Maria, a inscrição "Antonius Gaudi" em uma lápide simples marca a última morada do idealizador da monumental obra. Minha mais recente visita à Sagrada Família foi também a primeira ao túmulo de Gaudi. Aconteceu poucos dias após a morte de minha mãe, que, como Gaudi, era uma fiel devota de Nossa Senhora do Carmo. Ali, tirei de minha carteira o escapulário carmelita presenteado por ela ainda em minha adolescência e que está sempre comigo. Senti novamente o saudoso afago da incrível mulher que tanto me ensinou, incentivou e amou.

Sob a obra monumental, entendi mais uma vez que nossa breve existência só tem sentido se permanecer viva de alguma forma naqueles que tocamos com sensibilidade e afeto.

CARAVAGGIO

A devoção que atravessou o Atlântico

Há quase seis séculos, em 26 de maio de 1432, nos arredores de Caravaggio, no norte da Itália, uma aparição de Maria à camponesa Gianneta Varoli originou a devoção à Santa Maria da Fonte, também chamada de Nossa Senhora de Caravaggio. O título deve-se ao surgimento de uma abundante fonte, considerada sagrada, no local da aparição mariana. Até o final do século 16, contudo, tratava-se de um fervor limitado à população local.

A partir de 1580, iniciou-se a construção de um magnífico santuário sobre a nascente de Caravaggio, cidade com 16 mil habitantes, a 40 quilômetros de Milão. A ordem havia partido do arcebispo e cardeal Carlos Borromeu (1538-1584). Aqui vale incluir uma breve explicação sobre Borromeu, um "influenciador" de verdade, cuja obra e liderança marcam o catolicismo até hoje.

Sobrinho do Papa Pio IV, Borromeu ascendeu ao cardinalato antes de completar 30 anos. Apesar do explícito nepotismo, o religioso logo demonstrou piedade incomum, carisma e determinação para revolucionar o catolicismo. Foi o principal articulador do marcante Concílio de Trento, encerrado em 1563, que determinou os princípios básicos da Contrarreforma, com doutrinas e dogmas significativos para os católicos, incluindo a transubstanciação. Canonizado em 1610, São Carlos Borromeu definiu até mesmo características arquitetônicas das igrejas lombardas, como o tamanho dos portais e as esculturas de dois leões que vemos na fachada de muitas catedrais italianas, símbolo da vigilância episcopal. O cardeal criou ainda um artigo de uso corrente no mobiliário religioso: o confessionário, projetado para limitar o contato entre sacerdotes e fiéis, minimizando eventuais tentações e constrangimentos e, em simultâneo, permitindo um maior segredo e a necessária intimidade, inerentes ao sacramento da reconciliação.

A importância de São Carlos Borromeu – sepultado na cripta da espetacular Catedral de Milão – para a pequena Caravaggio deu-se com a decisão do arcebispo de reacender e expandir a devoção à Virgem Maria e, em particular, à aparição de Caravaggio. Em um período que combinou a reação católica à Reforma Luterana, a peste bubônica de 1576, que matou um quarto da população do norte italiano, rusgas com o mundo islâmico e o desconforto com a dominação espanhola sobre Milão e a Lombardia, a fé mariana na *Madonna di Caravaggio* trouxe força e esperança ao sofrido povo daquela região.

O legado da fé em Santa Maria da Fonte foi trazido para o Brasil por imigrantes italianos que, em 1879, construíram a primeira capela em homenagem à Virgem, em Farroupilha, hoje ao lado do amplo Santuário de Caravaggio, concluído em 1960. Curiosamente, o templo da serra gaúcha havia sido edificado para venerar a Nossa Senhora de Loreto, devoção baseada em outro santuário italiano, na costa do Mar Adriático. Porém, quando os italianos terminaram a construção rio-grandense, não havia uma representação da *Madonna di Loreto* disponível. Um dos imigrantes apareceu então com uma imagem da *Madonna di Caravaggio*, representação mariana que desde então assumiu o protagonismo. Anualmente, mais de um milhão de pessoas por ano frequentam o local na serra gaúcha, ultrapassando em muito o número de fiéis que visitam a basílica original no Velho Mundo.

A pequena localidade da região da Lombardia foi também palco da infância de um dos pintores mais extraordinários de todos os tempos: Michelangelo Merisi, mais conhecido como "Il Caravaggio". Sua vida e sua inigualável obra ficaram igualmente marcadas, tanto pela influência de São Carlos Borromeu quanto pela turbulenta infância do artista na pequena Caravaggio.

Caravaggio, o pintor – luz e sombra entre o sagrado e o profano

Michelangelo Merisi (1571-1610), pseudônimo "Il Caravaggio", veio ao mundo em Milão, alguns anos após a morte de seu xará e gênio do Renascimento, Michelangelo Buonarrotti (1475-1564). A intenção dos pais não era homenagear o artista florentino, mas sim o arcanjo Miguel, cuja festa coincidiu com o nascimento do filho.

Tentando escapar da peste bubônica que assolou o norte italiano, a família transferiu-se da tumultuada Milão para a vizinha Caravaggio quando o futuro pintor tinha 5 anos. O menino, ainda assim, perdeu o pai, o avô, os tios e quase todos os homens de sua família. Um golpe duríssimo para uma personalidade em desenvolvimento, mais ainda em uma sociedade fortemente patriarcal e católica como a Lombardia do século 16.

A influência de São Carlos Borromeu, com seu estilo dramático, carismático e piedoso, foi fundamental na formação do pintor. O naturalismo realista, característica predominante na obra revolucionária de Caravaggio, estava alinhado com a vida e a preferência artística do arcebispo de Milão.

Em 1592, Merisi mudou-se para Roma, como fazia a maioria dos artistas da época. Havia mais de 2 mil deles entre a população de 100 mil pessoas na cidade eterna, ávidos pela demanda artística da cúria e da nobreza romana. Apesar da riqueza cultural, Roma era extremamente violenta, fator que alimentou a natureza impetuosa e colérica de Caravaggio.

Assim como o onipresente contraste entre luz e sombra em sua obra (*chiaroscuro*), Caravaggio teve uma vida intensa, oscilando entre o sublime artístico e o submundo de contravenções e crimes. Ele colecionou detenções e teve uma condenação à morte por um assassinato em Roma, razão pela qual escapou da cidade em 1606. Era um homem perigoso, encrenqueiro e de difícil trato. Por outro lado, sua arte única, sedutora e inesquecível relegava desvios de conduta a um segundo plano.

O artista passou a maior parte da vida à margem da sociedade. Cercado por violência e pobreza, parecia se autossabotar cada vez que se aproximava de círculos mais nobres. Como modelos para as pinturas, escolhia pessoas simples, mendigos e prostitutas. Uma espécie de antítese do Michelangelo renascentista e suas representações angelicais. Faleceu de forma humilde e em circunstâncias obscuras aos 38 anos, entre Nápoles e Roma, durante uma de suas inúmeras fugas.

Mesmo tendo observado as técnicas dos mestres que o antecederam, Merisi foi um autodidata, desenvolvendo seu método empiricamente. Talvez esta tenha sido uma vantagem, pois não se viu inserido em uma escola específica e, assim, teve absoluta liberdade na formação de seu estilo.

Considerado fundador do naturalismo moderno, o lombardo influenciou pintores como Rubens, Velásquez, Murillo, Vermeer, Rembrandt, Delacroix, Manet, Goya e dezenas de "caravaggistas" por toda a Europa. Celebridades contemporâneas, como Pablo Picasso (1881-1973) e o cineasta Martin Scorsese (1942-), disseram-se inspirados pela dramaticidade da obra de Caravaggio.

Quase sempre por casualidade, circulei por lugares que marcaram a vida do pintor – Milão, Caravaggio, Roma, Nápoles, Sicília, Malta –, assim como por igrejas e museus que abrigam suas obras na Europa e nos Estados Unidos. Em cada local, observei o realismo feroz, o contraste entre luz e sombra e, acima de tudo, a riqueza de detalhes, significado e vivacidade que ofuscam as obras em redor. Estudar Michelangelo Merisi e entender sua realidade temporal tornou-se inevitável.

Uma das normas de São Carlos Borromeu diz respeito à pia batismal na entrada das igrejas. Já no final de sua vida, Caravaggio perguntou qual era a finalidade da água benta. Ao ouvir que seria para amenizar pecados mais leves (veniais), exclamou: "É inútil para mim. Meus pecados são sempre mortais". O artista tinha a sombria convicção de que sua alma dificilmente seria salva. As espetaculares pinturas, contudo, falaram mais alto. A propósito, sem a temeridade e o ultraje que pautaram sua vida, teria sido ele capaz de criar obras tão divinas, impactantes e revolucionárias?

MÓDENA, ITÁLIA

Um homem, seu sonho e suas máquinas

Módena, na região italiana da Emília-Romanha, é a terra natal de um dos mais aclamados tenores de todos os tempos, Luciano Pavarotti, e famosa também pelo doce perfume do melhor vinagre balsâmico do mundo. A música que mais me marcou na cidade, contudo, é mecânica, com aroma de metal, óleo e vapores de combustão. Vários ícones da indústria automobilística nasceram nessa mesma província: Lamborghini, De Tomaso, Pagani, Maserati e, talvez o mais simbólico de todos, Ferrari.

Com apenas 10 anos, Enzo Ferrari já sonhava com o automobilismo. Nascido em Módena, numa família com poucos recursos, Enzo conseguiu, com muito esforço, um emprego de piloto de testes, evoluindo rapidamente para, em pouco tempo, tornar-se piloto de corridas da equipe Alfa Romeo. Em junho de 1923, a bordo de um modelo RL 3000, o piloto vence a renomada prova de Savio, na cidade de Ravenna. Durante a premiação, uma senhora entrega-lhe um pequeno símbolo, um cavalinho negro empinado, dizendo: "Coloca nos teus carros, te trará boa sorte".

Ao fundar, em 1929, a equipe de automobilismo Scuderia Ferrari, Enzo adicionou o fundo amarelo, cor símbolo da cidade de Módena, criando o logotipo que é usado até hoje. Após a Segunda Guerra, em 1947, e com a finalidade de gerar recursos para as atividades esportivas, sai dos portões da fábrica de Maranello, província de Módena, o primeiro modelo comercial da agora montadora Ferrari, o 125 Sport, já com a tradicional carroceria *barchetta* (barquinho, em italiano), aberta, com dois lugares e motor V12 de 1500 cilindradas. O modelo vence o Grande Prêmio de Caracalla, em Roma, iniciando uma série de 90 anos de vitórias da equipe em várias categorias. Na Fórmula 1, desde a estreia em 1950, é a única equipe que sempre esteve presente, conquistando 16 campeonatos de construtores e 15 títulos de pilotos, em uma história que parece estar longe de terminar.

Passaram pela "Scuderia" pilotos como Juan Manuel Fangio, Phil Hill, Niki Lauda, Gilles Villeneuve, Kimi Räikkönen e, o mais vitorioso, Michael Schumacher, sem esquecer dos brasileiros Rubens Barrichello e Felipe Massa. Apesar de Enzo ter sido um notório nacionalista ("Quando meus carros cruzam a linha de chegada, vencedores, me assalta um grande orgulho de ser italiano"), a escolha da equipe e, especialmente, dos pilotos sempre foi pragmática, primando pelos melhores do planeta. Dos nove pilotos campeões mundiais de Fórmula 1 pela Ferrari, apenas um, Alberto Ascari, era italiano. "O Comendador" considerava o circuito de Monza a casa da Ferrari e nunca viajou para provas da equipe fora da Itália. Curiosamente, aliás, Ferrari jamais entrou em um avião.

A história da Ferrari, porém, não é só de glórias. De 1955 a 1971, oito pilotos da equipe morreram em acidentes, o que provocou um artigo no jornal do Vaticano comparando o fundador a Saturno, deus romano que consumia os próprios filhos. Em defesa da Ferrari, nenhum dos acidentes foi causado por falha mecânica. Enzo também teve grandes rivais, e não somente nas pistas. Um de seus clientes, dono de uma fábrica de tratores nas cercanias de Módena, foi certa vez reclamar pessoalmente a Enzo da embreagem de seu Ferrari 250 GT Pininfarina. Ao ser tratado com certo desprezo, o enfurecido Ferrucio Lamborghini decidiu construir um carro que seria superior aos da fábrica de Maranello. Nascia a rivalidade Ferrari-Lamborghini, uma das maiores da indústria automobilística. Tendo visitado as sedes e os museus de ambas as montadoras, considero a visita à Ferrari bem mais interessante, por um motivo único chamado Fórmula 1.

Como grande parte dos italianos, Enzo não tinha motores na mente, mas sim no coração. Em uma busca incansável pela excelência, o italiano criou a síntese perfeita de inovação tecnológica, elegância e exclusividade. Apesar da formação em Engenharia Mecânica, não sou exatamente um aficionado por carros. Em Maranello, contudo, enquanto em minha mente eu escutava a canção *Red Barchetta*, fruto da admiração do compositor Neil Peart (Rush) pelo *Ferrari 166 MM Barchetta*, tive de segurar a emoção em vários momentos enquanto percorria a história e o sonho de um homem e a aventura de gerações de engenheiros, pilotos e fãs do cavalinho negro. O estímulo contínuo da evolução técnica resultou em uma ideia extraordinária: um automóvel também pode ser uma obra de arte.

RAVENA, ITÁLIA

A cidade dos mosaicos

A frase *sic transit gloria mundi* era usada nas coroações papais para recordar ao novo pontífice de que as glórias terrenas são transitórias. A mensagem que a expressão latina carrega permeava meu pensamento enquanto admirava os fascinantes mosaicos de Ravena, antiga capital do Império Romano do Ocidente. Ao entrar na cidade, fui sem demora ao local que há vários anos eu desejava visitar: a Basílica de São Vital, construída no início do século 6. Por fora, a sóbria construção octogonal suportada por contrafortes pode ser confundida com um antigo hospital ou depósito. Por dentro, está uma das maravilhas da humanidade.

São Vital é considerado o mais grandioso exemplo da arte bizantina, seguida pela Basílica de São Marco, em Veneza, e pela Catedral de Monreale, nos arredores de Palermo. Percorrer o presbitério do templo é como ser inundado por uma torrente de ouro. Cada cenário condensa arte e significado em abóbodas e arcos que refletem a luz difusa que penetra por janelas de alabastro. Entre as imagens religiosas de Cristo, apóstolos e santos, temos as figuras históricas de Justiniano, o mais famoso imperador bizantino, e da cortesã que conquistou seu coração e que era a verdadeira força do império de Constantinopla: a imperatriz Teodora.

A basílica foi construída após Justiniano conquistar a Itália, quando Ravena deixou de ser a capital do Império Romano do Ocidente para se tornar a principal cidade colonial do Império do Oriente. Nos jardins da basílica, uma pequena e modesta casa de tijolos do século 5 guarda outro tesouro: o mausoléu de Gala Placídia, viúva do rei visigodo Ataulfo, que posteriormente se casou com o imperador Constâncio III. Logo ao entrar, a sensação é de estar perdido na escuridão. Gradualmente, a luz das pequenas aberturas de alabastro revela uma atmosfera mística nos mosaicos, onde santos e símbolos flutuam sob um sombrio firmamento. Ironicamente, o sarcófago de Gala está vazio. A imperatriz foi sepultada em Roma, em 450 d.C.

Conectada a Ravena por canais, a cidade costeira de Classe foi construída sobre lagunas e ilhas, como Veneza. O local foi o principal porto militar e comercial do Mar Adriático (*classis* significa frota, em latim). Do período bizantino, resta a Basílica de Santo Apolinário, construída em 549 sobre o local onde o primeiro bispo de Ravena e Classe foi martirizado. É mais um espetáculo bizantino do período justiniano.

Reflexo da liderança artística de Bizâncio e da tradição ligada aos nômades árabes que enfeitavam suas tendas com tapeçaria, mosaicos não foram concebidos como imitação de pinturas, mas sim como se fossem tapetes. A arte de Ravena, contudo, revela algo novo: mosaicos com profundidade, que, como na pintura contemporânea, sugerem o uso de modelos. Cores complementares revelam uma dança de luz e sombra muito à frente de seu tempo, o que ajuda a explicar o fascínio da arte de Ravena.

No centro da cidade, a Nova Basílica de Santo Apolinário reflete a mesma riqueza bizantina, em uma construção erigida originalmente como capela particular do ostrogodo Teodorico, o Grande (454-526). O mausoléu do monarca está aberto à visitação, em uma construção decagonal coberta por um monólito de 230 toneladas, colocado ali há quinze séculos!

A arte e o passado de glória podem ter sido as razões para Dante Alighieri (1265-1321) escolher Ravena como o local para passar seus últimos dias e ser sepultado. Protegido por Guido Polenta, que governava a cidade, Dante refugiou-se com a família ao ser condenado à morte em Florença, sua cidade natal. O túmulo do poeta maior e pai da língua italiana é um dos locais mais visitados. Ravena foi também residência do célebre poeta Lord Byron (1788-1824), que morou ali para estar próximo da amante, Teresa Guiccioli. Audaciosamente, o britânico alugava um aposento no próprio Palácio Guiccioli, residência de Teresa e de seu marido Alessandro. A trama é intricada, mas deixemos de lado bisbilhotices de dois séculos atrás.

Da cidade que foi uma das duas capitais do mundo, restaram impressionantes monumentos e fabulosos mosaicos. Dentro de construções despretensiosas, encontramos joias da arte bizantina que são patrimônios universais. Diante de tanto esplendor, restamos com a esperança de que nem tudo seja transitório e de que, no âmago de nossa ínfima existência, algo permaneça imutável.

VENEZA, ITÁLIA

De pântano salgado a poderosa república

Caminhando pelo labirinto de vielas estreitas e navegando nos rasos canais de um dos locais mais extraordinários do planeta, boa parte dos turistas ignora estar no antigo coração de uma bem-sucedida república que teve mais de mil anos, foi o império mais poderoso do Mediterrâneo e tinha a capital mais rica de toda a Europa.

Em minha primeira visita, em 1991, desembarquei na estação ferroviária Venezia Santa Lucia e tomei um *tragghetto* – espécie de ônibus flutuante. Mesmerizado pelo surrealismo da própria existência de uma fascinante cidade construída sobre ilhas de uma laguna salgada, de repente me pareceu escutar meus avós. De onde vinham as vozes, vi funcionários da embarcação e moradores locais em animada conversa. Foi dessa região do nordeste da Itália que partiu a maioria dos imigrantes italianos do sul do Brasil, para quem o dialeto vêneto, com pequenas diferenças, tornou-se língua franca.

Ao longo dos três quilômetros do Canal Grande, principal via aquática que atravessa Veneza, tem-se um espetáculo de beleza e diversidade arquitetônica em meio ao intenso trânsito de embarcações: táxis, lanchas policiais, transporte de carga e passageiros e, claro, românticas gôndolas.

A história da República de Veneza é fundamentada em poder marítimo comercial e militar, mas também em uma história de magistral diplomacia, resistência política e militar, originados em uma cidade construída sobre um pântano na costa do Mar Adriático. O local era habitado somente por pescadores até o século 5, quando povos bárbaros do leste europeu invadiram o Império Romano e forçaram algumas comunidades da península a se refugiarem nas lagunas de Veneza. Em 726, Orso Ipato foi eleito o primeiro líder, o doge (duque), no que se tornaria uma série ininterrupta de governantes, por onze séculos. Protegidos pelas águas, os venezianos, então ligados a Constantinopla, resistiram aos ataques dos lombardos e dos francos de Carlos Magno para, em algumas décadas, conquistarem também a independência do Império Bizantino.

A localização privilegiada e o fornecimento do sal extraído das lagunas – o melhor conservante de alimentos naquele período – geraram a crescente pujança marítima e econômica da república, convertendo-a, nos séculos seguintes, no principal entreposto de seda e especiarias do Oriente e, na mão contrária, de grãos e vinhos europeus.

O Palazzo Ducale, residência dos doges e sede do governo republicano, contém um tesouro artístico, com ornamentos folheados a ouro e obras de arte em um cenário magnífico. No exterior, arcos neoclássicos sob arcos gótico-venezianos dão uma amostra da diversidade cultural da antiga nação. A parte interna, após alguns incêndios, foi finalizada, nos séculos 16 e 17, tal qual está hoje, o que explica a abundância do barroco dourado. A Sala do Grande Conselho era o maior salão da Europa quando foi construída. Em uma das paredes, o pintor veneziano Jacopo Robusti, o Tintoretto (1518-1594), pintou uma tela de 22 x 7 metros, uma das maiores do mundo, chamada O Paraíso (Il Paradiso).

O palácio dá acesso ao antigo presídio através da fotogênica Ponte dos Suspiros, que muitos consideram de forma romântica. Porém, os únicos suspiros que ali surgiam eram de desespero. De um lado, o tribunal da república e, do outro, o destino dos condenados: celas úmidas e escuras. Quem atravessou aquela ponte, aos 30 anos de idade, foi o aventureiro e notável mulherengo Giacomo Casanova (1725-1798), condenado a 5 anos de prisão por afrontar a religião e a decência.

Para se proteger de piratas que infestavam aquela parte do Mediterrâneo, Veneza construiu uma poderosa marinha no famoso Arsenale, estaleiro e linha de montagem à frente de seu tempo, produzindo centenas de navios por ano. A república, que chegou a ter 3.300 navios e 36 mil marinheiros, conquistou toda a costa que formava o corredor de sua frota mercante, incluindo territórios da Dalmácia (atual Croácia) e ilhas do Mar Egeu, como Creta, que foi colônia de Veneza até meados do século 17.

Tecido fluido de história, arte e poder

Em 828, dois mercadores venezianos de passagem por Alexandria obtiveram o corpo do evangelista Marcos, morto na cidade egípcia e sepultado em uma igreja local. A relíquia foi levada até Veneza escondida entre suínos, para que os povos muçulmanos não se aproximassem. Para guardar os ossos do santo nascido na atual Líbia, foi construída uma igreja que mais tarde se tornaria a atual Basílica de São Marcos, edificada em 1094 em estilo gótico bizantino. São Marcos tornou-se o padroeiro da cidade e seu símbolo, o leão alado, é até hoje a marca de Veneza.

Os venezianos criaram fortes alianças com o império bizantino, garantindo exclusividade nas valiosas rotas comerciais Leste-Oeste. Por outro lado, mestres da *realpolitik* e em negociação, passaram a fazer acordos também com os cruzados. Em troca de empréstimos, o doge Enrico Dandolo usou, em seu favor, tropas europeias que rumavam a Jerusalém nas conquistas territoriais e, em especial, para combater Constantinopla, que foi, em 1204, atacada e saqueada. Foi então que a quadriga roubada do hipódromo de Constantino terminou sobre o pórtico da Basílica de São Marcos (os cavalos originais estão hoje no museu do mezanino da igreja).

Com simétricos arcos e incomparáveis portais e mosaicos, a Basílica de São Marcos é a maior atração da cidade, com fabulosa decoração dos períodos bizantino (século 13) e renascentista (século 16). Sob o olhar expressivo do mosaico do Cristo Pantocrator, no altar principal, descansam os restos mortais do evangelista africano que dá nome à catedral. Em 1968, o Papa Paulo VI devolveu ao Egito parte das relíquias, que agora estão na Catedral Cóptica de São Marcos, no Cairo. Do lado de fora, a Piazza (praça) San Marco é um espetáculo de luz, espaço e harmonia arquitetônica. O campanário, com 96 metros de altura, proporciona uma das melhores vistas da cidade, de onde, em um dia claro, avista-se a Croácia e a Eslovênia.

O poder de Veneza só encontrava concorrência em outro império marítimo: Gênova. Em uma batalha entre as duas potências, um capitão veneziano acabou preso pelos genoveses. No cárcere, ele contou a um colega de prisão, o escritor

Rustichello da Pisa, sua vida e suas aventuras asiáticas no reino do poderoso mongol Kublai Khan. Ou seja, graças a essa prisão, Marco Polo (1254-1324) e suas experiências ficaram eternizadas no livro *As Viagens de Marco Polo*, fazendo do veneziano um dos mais célebres viajantes de todos os tempos.

No século 14, um período de paz trouxe mais prosperidade à república, que tinha, entre outras vantagens, um sistema de governo tão sólido e estável como o mármore de suas construções. Daí advém a alcunha da cidade, ainda em uso: La Serenissima. Com um complexo sistema de conselhos e um senado com centenas de membros, a separação e o equilíbrio dos poderes garantiam eficiência e estabilidade governamental, com o doge como principal autoridade. Outra modernidade era a rede de diplomacia, com representantes por toda a Europa e Oriente mantendo o doge bem-informado.

A riqueza e o constante afluxo de artistas criaram uma aristocracia afeita à arte, ao luxo e a animadas festas, entre elas uma que seria adotada no Brasil: o Carnaval (carnevale), celebrado em Veneza como a última oportunidade para divertimento e prazer antes do início da quaresma. O enredo de canais, vielas e edificações conduz a um tesouro de arte renascentista, guardado em palácios, igrejas e museus, deleites arquitetônicos por si só. Bizantinas na origem, as construções incorporaram elementos góticos, neoclássicos e barrocos. Arte, música e literatura criaram a capital da beleza em um lugar que, dez séculos antes, fora um pântano despovoado.

No século 16, a descoberta portuguesa do caminho marítimo para o Oriente trouxe dificuldades comerciais para os venezianos, que entraram em decadência. A invasão de Napoleão, em 1797, decretou o final de mais de um milênio de um dos países mais extraordinários da história. Um século depois, a região do Vêneto, que inclui Verona, Pádoa, Vicenza e cenários idílicos desde as montanhas dolomitas até os vales férteis do Rio Pó, foi incorporada à recém-criada nação italiana.

Para milhões de turistas que disputam as vielas de Veneza, tudo pode parecer um parque de entretenimento, em especial para olhos menos treinados e mentes que estariam mais em casa em Las Vegas ou Dubai. Para quem mergulha nos detalhes históricos e culturais, as águas salgadas que abraçam Veneza sussurram uma história de poder marítimo, diplomacia pragmática, inventividade e arte. Navegar nessas águas é um sonho deleitante que se agiganta a cada visita à Sereníssima.

NÁPOLES

Intensa e exuberante

"Não sou italiana. Sou napolitana! É outra coisa!" (Sophia Loren).

Em 3 de julho de 1990, Itália e Argentina faziam a semifinal da Copa do Mundo de futebol. Jogando no próprio país, os italianos contavam, ao menos teoricamente, com o fator local. Na prática, porém, havia a combinação de dois elementos cruciais: a partida era no Estádio São Paulo, em Nápoles, e, em campo, estava Diego Maradona.

O argentino, atleta do Napoli de 1984 a 1993, havia sido o principal responsável pelo primeiro título da Série A do campeonato italiano (Scudetto) na história do clube, em 1987, e pelo bicampeonato, justamente no ano da Copa da Itália. Os torcedores locais, para estupefação do resto do mundo, apoiavam a Argentina, que venceu nos pênaltis. Em 2020, uma semana após a morte do maior ídolo dos napolitanos, o palco da histórica partida passou a se chamar Estádio Diego Armando Maradona.

Tal curiosidade esportiva representa não somente a incondicional paixão pelo clube local, mas é também uma amostra da história e da vida intensa dos napolitanos, povo que viveu sob influência estrangeira na maior parte de sua história.

Fundada pelos gregos há quase 3 mil anos, Nápoles uniu-se à sociedade romana quatro séculos antes de Cristo. A subsequente refundação como Neapolis (cidade nova, em grego) explica o nome atual da terceira maior cidade italiana, hoje com mais de 3 milhões de habitantes na região metropolitana. Passados os domínios romano, ostrogótico e bizantino do primeiro milênio, o então formado Reino de Nápoles (1282-1816) compreendia todo o sul da península itálica, na maior parte do tempo sob proteção da Espanha. Em 1816, a Sicília foi conquistada, e o território passou a se chamar Reino das Duas Sicílias, sempre com a capital em Nápoles. Em 1861, a unificação do país, liderada por Giuseppe Garibaldi, decretou o fim da dinastia Bourbon espanhola na região, anexando o sul italiano (mezzogiorno) ao Reino da Itália.

São necessários vários dias para visitar minimamente o patrimônio cultural da capital da Campania. Há lugares obrigatórios, como o magnífico Palácio Real, em cuja capela foi realizado, por procuração, o casamento do imperador brasileiro Dom Pedro II com a princesa napolitana Teresa Cristina, em 1843. Saindo do palácio, uma curta caminhada leva ao Museu Arqueológico Nacional, um dos mais importantes do gênero no mundo, com os tesouros das cidades romanas de Pompeia e Ercolano.

No aspecto gastronômico, as opções são variadas e excelentes, porém Nápoles ficou mais famosa por uma invenção que se tornou preferência mundial: a pizza, criada em 1738 na Antica Pizzeria Sant'Alba, em atividade até hoje. Outro estabelecimento que ainda está em funcionamento é a Pizzeria Brandi, onde, em 1889, foi criada a pizza margherita para homenagear a rainha Margherita, esposa do rei italiano Umberto I de Savoia. O branco do queijo mozzarella, o vermelho do molho de tomate e o verde do manjericão representam as cores da bandeira italiana.

Se, há dois milênios, Pedro e Paulo trouxeram o cristianismo para Nápoles, Maradona trouxe o ápice de outra religião local: o futebol. É difícil discernir o clube Napoli dos valores religiosos napolitanos. O culto pelo argentino, que é chamado de MaraDios, é superior até mesmo ao de seus conterrâneos. Lojas de artigos sacros carregam imagens do craque com a camisa azul-celeste do Napoli entre os santos cristãos e, na famosa Rua San Gregorio Armeno, conhecida como Rua dos Presépios, estatuetas de Maradona aparecem misturadas aos protagonistas da natividade.

Nápoles é uma das cidades mais antigas do mundo, mergulhada em exuberância e em elegante decadência que abriga um incalculável tesouro cultural. É uma das urbanizações milenares que adquiriram vida própria, resultado do inconsciente coletivo de povos que honram sua história e veneram tradições ancestrais, conceito de difícil entendimento no jovem continente americano.

Após conhecer Nápoles, qualquer outra cidade parecerá lenta. Nas ruas, vielas e praças napolitanas, além das frenéticas motocicletas, dos vivazes nativos e de seu dialeto inconfundível, correm sangue e energia de três milênios de história. A cidade que vive extremos, das lágrimas à euforia, explica a expressão usada na Itália para se referir a fortes emoções: "um drama napolitano".

A cidade e seu magnífico entorno

"Podes ficar com o universo, se eu puder ficar com a Itália" (Giuseppe Verdi).

A paixão do compositor de Aida e de La Traviatta por seu país natal e pela riqueza cultural acumulada na Itália resulta da diversidade sempre presente na península. Até meados do século 19, o território italiano era formado por vários países, entre os quais a República de Veneza, Milão sob a família Sforza, a Toscana dos Medici, os Estados Papais, o Reino da Sardenha sob a Casa de Savoia (futuros reis da Itália unificada) e o maior deles, o Reino das Duas Sicílias com sua magnífica capital Nápoles.

Em torno do Golfo de Nápoles, história, belezas naturais, riqueza cultural e folclore encontram-se para formar um dos expoentes da pluralidade italiana. Aos pés do vulcão Vesúvio, espalha-se uma região que deveria estar em qualquer roteiro turístico europeu. Além de Nápoles, estão ali as cidades romanas de Pompeia e Herculano, as ilhas paradisíacas de Capri e Ischia, Caserta com seu deslumbrante palácio real e as cidades costeiras de Sorrento e da Costa Amalfitana.

A força histórica napolitana está refletida nos famosos castelos de Sant'Elmo, Castel Nuovo e no milenar Castel Dell'Ovo. E, como se não bastasse o que vemos na superfície, sob as estreitas e sombrias ruas da região central está a Nápoles Subterrânea, com 470 quilômetros conhecidos de túneis, câmaras e catacumbas que remontam aos gregos e aos romanos. Do topo do Castelo de Sant'Elmo, a visão da cidade é estupenda, sempre sob a ameaça constante do Monte Vesúvio, único vulcão ativo da Europa Continental.

A ensolarada Nápoles foi residência de artistas como Caravaggio (1571-1610) e Bernini (1598-1680), filósofos como Giordano Bruno (1548-1600) e poetas como Virgílio (70-19 a.C.), cuja tumba pode ser visitada na cidade. Em um aspecto menos glamoroso, a região segue sob forte influência da Camorra, organização criminosa nos moldes da máfia siciliana.

A belíssima catedral do século 14 contém a Capela do Tesouro de São Januário (San Gennaro). Um belo relicário guarda o crânio e dois frascos do sangue coagulado do bispo e mártir napolitano. Reza a lenda que um desastre vai se abater sobre a cidade se o sangue de Januário (272-305) não se liquefizer no dia do santo, o que, milagrosamente ou não, sempre acontece.

Próximo à catedral está o primeiro hospital do mundo nos padrões que conhecemos hoje. No Hospital dos Incuráveis, fundado em 1521, a principal atração é a intacta e ainda ativa Farmácia Histórica, obra-prima do barroco-rococó construída em 1750. Nas prateleiras, quase três séculos de compostos misturam química e alquimia.

Trazendo o sentimento ufanista de Verdi aos dias atuais, um amigo italiano disse-me certa vez: "Quem precisa ir à Disneyworld para ver Mickey e Donald, quando se tem Nápoles e os napolitanos?"

Herculano – os moldes da civilização ocidental

Boa parte dos visitantes de Pompeia não visitam a outra cidade romana que a fúria do Vesúvio soterrou. Herculano foi coberta por 20 metros de material vulcânico, bem mais do que os quatro metros que cobriram Pompeia. Sobre

Herculano, foi construída uma cidade moderna, hoje parte da região metropolitana de Nápoles.

A primeira fase da erupção de 79 d.C. atingiu Pompeia e foi um sinal de alerta para evacuar Herculano, atingida horas depois por uma onda piroclástica (cinzas e gases de até 250 graus centígrados) que invadiu a cidade a 160 km/h. Alguns dos 5 mil habitantes que ainda tentavam escapar via marítima – era uma cidade costeira na época – pereceram nas docas, onde mais de 300 esqueletos foram desencavados. A rapidez do evento e a alta temperatura preservaram estruturas de madeira, portas, artefatos, esculturas, móveis e até alimentos usados pelos romanos há 2 mil anos.

Herculano foi encontrada durante a escavação de um poço em 1709, três décadas antes de Pompeia. A cidade era um refúgio para nobres romanos. Hoje, o menor número de visitantes e a riqueza das estruturas, pinturas e mosaicos fazem dela uma visita imperdível.

Ainda há muito a ser escavado, mas o que vemos hoje é fascinante. Caminhando pelas estreitas ruas e visitando as casas preservadas pelo vasto cataclismo, somos transferidos para o mundo real de uma cultura que definiu o Ocidente. Por instantes, ao contemplar aquela longínqua realidade, tive a impressão de que o passado é que me observava.

A CRUZ E A ESPADA

Resistência ideológica no caminho das reformas do Vaticano

Os Sete Povos das Missões foram uma parte importante da evangelização jesuíta iniciada no século XVI. A Companhia de Jesus havia sido fundada há menos de meio século por Inácio de Loyola. Era uma reação à Reforma Protestante, com característica fortemente missionária e direcionada ao mundo que portugueses e espanhóis estavam explorando.

Além disso, as missões no sul das Américas nutriam o propósito de proteger os nativos, constantemente atacados pelos paulistas. A fúria escravagista desses grupos, que ficaram mais conhecidos como Bandeirantes, já havia dizimado diversos povos indígenas do litoral sul-americano.

A utopia de uma efêmera civilização que buscava harmonia com os hábitos indígenas acabou em 1750, quando Portugal e Espanha assinaram o Tratado de Madri e ordenaram a desocupação das missões. Além do interesse territorial, havia um infundado temor de que surgisse uma nova nação, submissa aos jesuítas. Foi o ocaso das missões guaranis, comentadas e aclamadas por pensadores como Voltaire e Montesquieu, além de outros expoentes do pensamento europeu.

Possivelmente, aquele foi um dos períodos mais inspiradores da história do Brasil e uma exceção às regras da colonização europeia, tradicionalmente sórdida, violenta e disfarçada de ideais religiosos. Os jesuítas foram expulsos da América do Sul em 1759 e, em 1773, a ordem acabou extinta por uma bula papal, decisão revogada somente em 1814.

Em 2013, um jesuíta foi eleito pela primeira vez para o trono de Pedro. No que muitos enxergam como intervenção divina, o pontífice era ainda um não europeu oriundo de uma nação em desenvolvimento do hemisfério sul. De forma determinada, o Papa Francisco fez reformas importantes e necessárias no terceiro milênio, sem abalar a essência cristã e o cerne da estrutura milenar da Igreja.

Diante de um líder e seu esforço excepcional para criar uma Igreja mais inclusiva e adaptada a um mundo em transformação, surgiram focos de resistência entre prelados e leigos ultraconservadores. A rebeldia ficou mais evidente entre os católicos norte-americanos, mas pôde servir de alerta para um movimento semelhante que foi surgindo no Brasil. Ataques a ícones do trabalho social ligados ao Papa, como o padre Júlio Lancelotti, além da rejeição a posicionamentos do bispo de Roma, deram sinais de que podemos estar trilhando um caminho semelhante. Fora da Igreja Católica, vemos até mesmo uma iniciativa patética de censura de livros, em uma reedição à brasileira do *Index Librorum Prohibitorum*, extinto há mais de 70 anos.

Nos Estados Unidos, o líder extraoficial da oposição ao Papa era o cardeal Raymond Burke, especialista em direito canônico e, até recentemente, membro do conselho equivalente à Suprema Corte dentro do Vaticano. Uma crescente minoria dissidente demonstrou revolta com decisões papais envolvendo comunhão para divorciados e para pessoas em um segundo casamento, autorização de atividades pastorais com grupos LGBTQIA+, solidariedade aos migrantes, engajamento na crise climática e condenação da cultura armamentista entre a população civil.

Ao longo de mais de uma década de papado, Francisco ofereceu seguidamente a outra face e pareceu escolher o silêncio como resposta, considerando tais divergências como normais em uma instituição global e multifacetada.

A eleição americana de 2022 agravou os conflitos, não somente entre os católicos estadunidenses, mas também nos círculos clericais da cidade eterna. Como vemos também na política brasileira, a religião é uma ferramenta útil e eficiente nas mãos de políticos inescrupulosos. Em um discurso, Raymond Burke disse que existem circunstâncias nas quais é aceitável desobedecer ao Papa, comentário que arrancou efusivos aplausos da multidão que o escutava. Quando da eleição de Donald Trump, o cardeal Burke se disse muito feliz com o resultado e, em 2021, recomendou junto a outros bispos americanos que o católico Joe Biden fosse excomungado.

O Papa argentino demonstrou que a atitude pacífica e tolerante tem limites, especialmente diante de incisivos ataques à hierarquia e à unidade católica. A atitude de Burke fez com que o cardeal perdesse certos privilégios, como o aluguel de um apartamento romano de 450 metros quadrados, seu cargo no direito canônico e o salário mensal de cerca de R$ 30 mil. Segundo o Papa, eram benefícios que estavam sendo usados contra a Igreja.

O Papa também destituiu o bispo Joseph Strickland em uma diocese do Texas. Strickland foi voz ativa na política americana, com discursos inflamados que acusavam o Papa em temas centrais, como casamento gay, aborto e armamento da população. Em várias oportunidades, o bispo questionou a legitimidade de Francisco, algo até então impensável para um líder católico, além de insuflar seu rebanho ultraconservador a não aceitar o resultado da eleição de Biden. Francisco destacou que o bispo e os fiéis rebelados estavam substituindo a fé pela ideologia política. Prelados e leigos ultraconservadores pareciam estar mais conectados às elites protestantes americanas do que ao Vaticano.

Os ideais jesuítas, tanto em evangelizadores do século XVI como na mente e no espírito do Papa Francisco, incomodam elites e seus fiéis defensores. Não é de hoje que justiça social e ideais comunitários importunam aqueles que se alimentam vorazmente da desigualdade.

No dia em que foi eleito, Jorge Mario Bergoglio atravessou a Praça São Pedro caminhando, com uma batina simples e sapatos pretos carcomidos. Estava indo coletar alguns pertences e pagar a conta do hotel em que havia se hospedado antes do conclave. Na mesma noite, embarcou em um ônibus para ir jantar com os demais cardeais. Brincou com eles ao dizer: "que Deus perdoe vocês pelo que acabaram de fazer". Embora a simplicidade sempre tenha sido parte de sua natureza, estava ali também representada a atitude de uma Igreja com menos formalidade, mais inclusão e maior foco nos necessitados.

Acima de tudo, a gradual e ponderada reforma estava alinhada aos princípios originais de uma religião centrada em um homem que nasceu em uma estrebaria, que jamais pregou a violência como forma de atuação e que nunca citou a prosperidade material como recompensa. Por sua liderança e exemplo, Cristo foi martirizado de forma cruel e, ainda assim, venceu a batalha no âmbito da fé. Guiado pela cabeça mística da Igreja que comandava, o Papa jesuíta seguiu firme em sua renovadora missão até o final de sua vida.

ZURIQUE, SUÍÇA

Berço de revoluções

Ao entrar no imenso saguão da Estação Central de Zurique, pensei em dois antigos residentes da cidade e no simbolismo histórico daquele local. Em 1896, desembarcava ali um dos maiores cientistas de todos os tempos, que transformaria a Física teórica e vários conceitos universais. Pouco mais de duas décadas depois, partia da mesma estação ferroviária outro revolucionário, determinado a liderar uma das maiores transformações políticas da história mundial.

A belíssima cidade, fundada pelos romanos como Turicum, ocupa as margens do Rio Limmat e do imenso Lago Zurique. Mais do que relógios, chocolates, bancos e seguradoras, base da vigorosa economia da metrópole mais populosa do país, meu maior interesse era conhecer o ambiente histórico e cultural onde nasceram e viveram personalidades marcantes, como o polêmico compositor Richard Wagner, o fascinante psiquiatra Carl Jung, o escritor James Joyce e os dois revolucionários – cada um a seu modo – mencionados no parágrafo anterior.

A primeira parada foi no Instituto Federal de Tecnologia, ou ETH (Eidgenössische Technische Hochschule), *alma mater* de Albert Einstein. A instituição diplomou o físico em 1900 e ainda o teve como professor por vários anos. Por ali, passaram também John von Neumann, Wilhelm Röntgen, Wolfgang Pauli, Wernher von Braun, além de 22 laureados com o prêmio Nobel. No mesmo ano em que chegou à Suíça, Einstein renunciou à cidadania alemã. Posteriormente, tornar-se-ia cidadão suíço e estadunidense.

Meu destino seguinte foi o número 14 da estreita viela Spiegelgasse. Naquele endereço, em um diminuto apartamento cuja cozinha era dividida com mais quatro famílias, morou o casal Vladimir Ulyanov e Nadejda Krupskaya. A mente revolucionária do russo que entraria para história como Vladimir Lenin foi influenciada pelo ambiente dos sindicatos ou guildas (Zünfte) de Zurique, tradicionais e fortes desde o século 14 até os dias de hoje. Lenin discursava para os trabalhadores suíços, na sua grande maioria famintos e vivendo em péssimas condições. Na cidade, ele escreveu a obra "Imperialismo, o mais alto estágio do capitalismo".

Assim que o czar Nicolau II abdicou do trono, o russo quis retornar à terra natal. Em abril de 1917, Lenin e a esposa partiram de Zurique em um trem especial, fretado pelo governo alemão, que atravessou o Segundo Reich em guerra, a Suécia e a Finlândia para chegar à turbulenta São Petersburgo. Pouco tempo depois, o secreto passageiro lideraria a revolução bolchevique, que culminou na criação da União Soviética. Independentemente de admirar ou abominar suas ideias, Lenin é uma figura histórica marcante.

Cito ainda Carlos Magno, que, segundo uma lenda local, teria mandado construir Grossmünster, igreja com duas altas torres que se destaca na silhueta de Zurique. Uma antiga estátua do rei dos francos pode ser vista na cripta do templo, no local onde seu cavalo teria se prostrado diante das tumbas de Félix, Régula e Exuperantius, santos padroeiros de Zurique. Antiga catedral católica, Grossmünster foi convertida em 1520 ao protestantismo por obra do reformador Huldrych Zwingli, um nativo da cidade.

Pensando no legado de Einstein, Lenin e outros reles humanos, pareceu-me que, por vezes, obras podem ser infinitamente maiores que seus autores. O bem que fazemos aos outros, por exemplo, sugere ser bem maior do que somos, sendo resultado de um esforço coletivo ou de alguma inspiração além do nosso entendimento. A ousadia de se entregar a um propósito superior pode dar à vida humana, curta e vulgar, alguma chance de dignidade e plenitude.

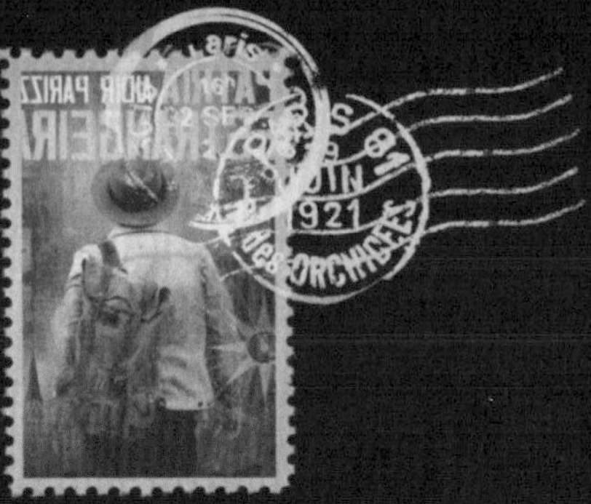

VIENA, ÁUSTRIA

Valsa de história, música e tradição

O prestígio, a glória e os eventuais infortúnios da Áustria estão fortemente ligados à sua posição de fronteira, entre europeus ocidentais e povos eslavos. Desde a fundação, no século 4 a.C., do assentamento romano de Vindobona, atual Viena (Wien), a região passou por frequentes invasões estrangeiras. O domínio de tribos da Baviera, no século 4, determinou a língua alemã, a religião cristã e os costumes, até hoje próximos aos do sul da Alemanha. A germanização foi consolidada por Carlos Magno, que, em 794, incorporou o país ao Império Carolíngio, chamando-o de Reino do Leste (daí o nome em alemão do país, Österreich).

Seguiram-se investidas boêmias (tchecas) e húngaras através do Vale do Rio Danúbio, até que, em 1278, Rudolf I conquistou o território e deu origem à dinastia dos Habsburgos, que duraria mais de seis séculos. Em vez de conquistar por guerras, os Habsburgos eram mestres no domínio através de casamentos, que chegaram até mesmo no Brasil. A esposa de Dom Pedro I, Maria Leopoldina, era filha de Francisco II da Áustria, o último Imperador Romano-Germânico.

Após o domínio napoleônico, a Áustria juntou forças com a Hungria para formar o Império Austro-Húngaro, que tinha Viena como capital. O prestígio da cidade atraiu famílias ricas de toda a Europa e, com elas, vieram músicos, artistas e arquitetos que construíram o esplendor barroco da capital austríaca. Na música, Mozart, Beethoven, Haydn, Brahms, Mahler, Bruckner, Schubert e vários membros da família Strauss produziram em Viena suas obras-primas.

As origens das duas guerras mundiais também estão ligadas à Áustria. A primeira, quando a invasão austríaca de parte da Sérvia provocou o assassinato, em Sarajevo, do arquiduque austríaco Franz Ferdinand, estopim da Grande Guerra. A segunda, quando um nativo repulsivo e com um bigode ridículo contaminou a Alemanha com sua cruel insanidade, provocando outro desastroso conflito global. Vale lembrar que a Áustria não se uniu permanentemente à Alemanha no século 19 graças, principalmente, à rivalidade com a Prússia de Otto von Bismarck (1815-1898), o arquiteto da unificação teutônica. Além disso, depois da Segunda Guerra, os aliados proibiram que os austríacos se unissem à Alemanha Ocidental.

Em 1955, a Áustria tornou-se uma república e catapultou seu desenvolvimento econômico, tornando-se um dos países com a melhor qualidade de vida do planeta e um dos epicentros culturais da Europa.

Hino à alegria

Fechei os olhos por um instante diante do Hotel Sacher, nos fundos da magnífica Ópera de Viena. O local é famoso por servir a famosa *Sacher Torte,* inventada por Eduard Sacher (1843-1892), fundador do estabelecimento. Meu encantamento, contudo, não era pela deliciosa torta de chocolate com geleia de damasco. No aspecto gastronômico, aliás, prefiro o Wiener Schnitzel, costeleta de vitela empanada que é um dos orgulhos de Viena.

Até o século 19, no local onde hoje está o hotel, ficava o Theater am Kärntnertor, casa de espetáculos em que Ludwig van Beethoven estreou, há exatos dois séculos, sua Nona Sinfonia. Surdo e já sofrendo dos males que tirariam sua vida três anos depois, Beethoven conduzia o andamento da exibição ao lado do maestro Michael Umlauf.

Naquele 7 de maio de 1824, solistas e um enorme coral entoaram a letra de "Ode am Freude" (Hino à Alegria), adaptação do próprio Beethoven do poema de 1785 "À Alegria", de Friedrich von Schiller. Deixo aqui um trecho – no original e em tradução livre –, imortalizado na Sinfonia Coral.

Freude, schöner Götterfunken
Tochter aus Elysium
Wir betreten feuertrunken
Himmlische, dein Heiligtum
Deine Zauber binden wieder
Was die Mode streng geteilt
Alle Menschen werden Brüder
Wo dein sanfter Flügel weilt

Alegria, belo fulgor divino
Filha de Elísio (o paraíso)
Ébrios de fogo entramos
Em teu santuário celeste
Tua magia volta a unir
O que o costume rigorosamente dividiu
Todos os homens se tornarão irmãos
Sob a proteção de tuas asas

O momento político mundial, por vezes, parece indicar que estamos na mão contrária da evolução. Na música de Beethoven, porém, flutua a utópica esperança de unir o que nossos hábitos, preconceitos e vícios insistem em separar. O estrondoso *Finale*, hino oficial da União Europeia desde 1985, inspira-nos, como irmãos que somos, a acreditar que, um dia, viveremos mais fraternalmente.

COLÔNIA, ALEMANHA

Fé e exuberância às margens do Reno

Com uma região metropolitana de quase 4 milhões de habitantes, Colônia (Köln) mantém a importância econômica e cultural desde os dias em que se chamava Colônia Agripina, capital da província romana Germânia Inferior. Mais tarde, o Sacro Império Romano trouxe forte influência do norte italiano em suas tradições. O Carnaval, por exemplo, importado de Veneza, segue sendo intensamente celebrado na capital da Renânia do Norte-Westfália (Nordrhein Westphalen), cidade que destoa do noroeste e do norte da Alemanha por ter um espírito mais caloroso e hospitaleiro, materializado nos animados bares e na saborosa Kölsch, a cerveja da região. Em outra curiosidade local, pescoços e punhos do mundo homenageiam Colônia indiretamente desde 1709, ano em que a Água de Colônia (Kölnisch Wasser ou, em francês, Eau de Cologne) começou a ser produzida na cidade. A palavra "colônia" acabou se tornando sinônimo de perfume em várias línguas.

Há muito para descrever sobre esse belo e peculiar centro urbano, porém um ponto de interesse é, de longe, seu maior tesouro. Cidade relativamente pacata até o início do século 12, o lugar teve sua grandeza selada quando o arcebispo

Rainald von Dassel adquiriu os ossos dos Três Reis Magos, que haviam sido surrupiados de Milão pelo Imperador Sacro-Romano Frederico Barbarossa.

Sobre o local de antigos templos romanos e cristãos, à beira do portentoso Rio Reno, foi planejada uma catedral extraordinária, a maior megaestrutura do período medieval, para abrigar as preciosas relíquias bíblicas. Iniciada em 1248, a construção foi interrompida em 1473 e, por quatro séculos, o esqueleto da magnífica igreja se tornaria parte integrante de Colônia. No final do século 19, a redescoberta do plano original, aliada ao desejo de superar a arquitetura gótica dos invasores franceses recentemente expulsos, motivaram a retomada da construção. O imperador Wilhelm I inaugurou a Catedral de São Pedro de Colônia em 1880, 632 anos depois do início da construção, almejando também afirmar a recém-criada nação. As torres gêmeas de quase 160 metros de altura representavam, na época, a construção mais alta do planeta.

A riqueza do exterior deixa todos boquiabertos, mas tal êxtase artístico fica menor quando passamos pelas magistrais portas e avistamos a nave central do templo antropomórfico (em forma de cruz), com um nível de detalhes e riqueza artística espetaculares. A construção é, possivelmente, o ápice da arquitetura gótica, superando as magníficas catedrais francesas. A altura das paredes, construídas há mais de 700 anos e os magníficos 8.300 metros quadrados de esplêndidos vitrais coloridos foram a forma genial encontrada para deixar que a luz celestial inundasse as cavernosas naves. Reforçar uma estrutura dominada por vidros de milímetros de espessura só foi possível graças às vigas e aos suportes laterais que formam o esqueleto do prédio sem prejudicarem o acesso à luz. Do centro da catedral, observa-se a estrutura típica das construções góticas, onde cada linha que sai do teto converge, conectada aos pilares principais, até o chão.

Emoldurando o altar, uma urna dourada guarda as relíquias de Belchior, Baltasar e Gaspar. Ao longo de mais de três décadas, dezenas de viagens de trabalho levaram-me a Colônia e à vizinha Düsseldorf, permitindo várias visitas e momentos de reflexão na majestosa catedral. Ao desembarcar na envidraçada estação ferroviária central, colada à Kölner Dom, a primeira visão são as portentosas torres, a floresta de pináculos e as sinistras gárgulas que decoram a catedral às margens do grande Rio Reno. Muito mais do que um feito extraordinário de engenharia e arquitetura, as linhas que apontam para o céu atingem seu objetivo maior: tornarem-se fonte de inspiração e expressão da glória divina.

Mais de 100 artistas trabalham permanentemente na Catedral de Colônia, enriquecendo detalhes e recuperando o que é perdido pela erosão das mais de 120 mil toneladas de rocha arenítica usadas na construção. De alguma maneira, a edificação iniciada há mais de sete séculos, assim como a história e a fé testemunhadas pelas pedras da magnífica catedral, não cessará jamais.

HAMBURGO, ALEMANHA

Ponte para o mundo

Para uma parte significativa dos alemães que zarparam para o Novo Mundo, as últimas imagens na terra natal incluíram a cidade portuária de Hamburgo – oficialmente, Cidade Livre e Hanseática de Hamburgo –, uma das três cidades-estados do país. Encravada entre os estados de Schleswig-Holstein e da Baixa Saxônia, a cidade de Felix Mendelssohn, Helmut Schmidt e Angela Merkel deve grande parte de sua riqueza ao portentoso Elba, rio que liga o maior porto do país, o terceiro da Europa, ao Mar do Norte, distante 109 quilômetros a noroeste. Um navio que deixa o porto ainda precisa navegar por horas até desembocar nos mares do mundo.

No período em que morei em Bremen, outra cidade-estado alemã e igualmente um dos portos de partida para muitos emigrantes, Hamburgo era destino frequente nos finais de semana, com pouco mais de uma hora de viagem entre as duas cidades hanseáticas. A saudação usada pelos 1,8 milhão de habitantes da segunda maior cidade da Alemanha, em vez dos formais *Guten Morgen*, *Guten Abend* ou *Guten Tag*, resume-se a um simpático "*moin*", que funciona em qualquer hora do dia e serve até para dizer "tchau". A segunda maior cidade da Alemanha tem um espírito peculiar, com calor humano bem acima da média para o norte do país de Goethe, e não foi à toa ter sido escolhida pelos Beatles para se desenvolverem musicalmente e alavancarem a meteórica carreira. John Lennon chegou a dizer, "nasci em Liverpool, mas fui criado em Hamburgo".

O panorama cultural agrada a todos os gostos e desejos, desde a monumental e recém-inaugurada sala de concertos Elbphilarmonie, passando pela música de todos os estilos tocada nos bares do bairro St. Pauli, até a cena pouco ortodoxa da "milha do pecado" (*sündigste Meile*), como é conhecida a Rua Reeperbahn. Na via paralela, Herbertstrasse, é vetada a presença de mulheres e crianças, e (quase) tudo é permitido. A experiência, no mínimo antropológica, pode não ser recomendável para todos. Longe dali, crianças e adultos ficam maravilhados com o Miniatur Wunderland, um mundo em miniatura que inclui cidades, um aeroporto, cadeias de montanhas, um vulcão em erupção e incríveis 15,4 quilômetros de miniferrovias, além de mais de 250 mil diminutos habitantes.

Arrasada durante a Segunda Guerra Mundial, o que vemos hoje é resultado de uma intensa reconstrução nas últimas décadas. Apesar disso, Hamburgo soube conservar a tradição na cidade antiga (Altstadt), onde estão a belíssima e enorme sede do governo local (Rathaus), a magnífica igreja de São Miguel e boa parte das mais de 2 mil pontes, mais do que qualquer outra cidade do planeta. Fora do centro antigo, a natureza em torno dos lagos artificiais de Alster e os jardins de Planten un Blomen são cenários perfeitos para caminhadas e reflexões. Chama a atenção também o bairro Speicherstadt, complexo de depósitos construído sobre as águas do Elba no fim do século XIX, agora revitalizado e tombado pela Unesco.

Além das pontes físicas, encontrei na região exemplos de elo harmônico entre povos de diferentes origens. Na região de fronteira de Schleswig-Holstein, território dinamarquês e austríaco até a Guerra Austro-Prussiana de 1866, povos nativos de origem dinamarquesa (10% da população) têm representatividade no governo, com partido político, escolas, clubes culturais e museus dedicados à minoria étnica. Do lado dinamarquês, habitantes de origem germânica têm as mesmas garantias.

A longevidade política e a influência global de Angela Merkel, antiga chanceler e, até recentemente, líder *de facto* da Comunidade Europeia, em ações de pacificação e harmonia entre as nações deve ter sido influenciada pelo espírito integrador da cidade e da região em que nasceu. Fica como inspiração para o Brasil, que, do chamado descobrimento até hoje, despreza e negligencia os verdadeiros donos da terra. Outro exemplo sensacional são as pequenas bibliotecas instaladas dentro de centenas de ônibus coletivos, onde adultos e crianças retiram e devolvem livros constantemente.

Na saída do porto de Hamburgo, o chamado Willkomm-Höft (Ponto de Boas-vindas) é o local onde cada navio é saudado com a bandeira e o hino do país de origem da embarcação. A tradição não existia na época do êxodo alemão para as Américas, mas, na alma de muitos retirantes, além da expectativa de partir para o desconhecido, havia, quem sabe, a esperança de um dia receber a saudação de retorno e de poder pisar mais uma vez na *Heimatland*.

MUNIQUE, ALEMANHA

Ironia do destino na capital da Baviera

Marienplatz é o ponto central da cidade mais turística da Alemanha. Na bela e movimentada praça, a fachada do palácio da prefeitura porta duas bandeiras que me fizeram refletir. Lado a lado, tremulam as flâmulas de Israel e da Ucrânia, representando a solidariedade de Munique e da Alemanha a dois dos países envolvidos em guerras correntes. Que ironia do destino ver na cidade em que surgiu o nazismo (1930) o azul e o amarelo de Kiev, república soviética que Hitler enganou e explorou impiedosamente, e a estrela de Davi, por quem o führer nutria o incontrolável ódio que resultou nos horrores do nazismo. A propósito, para entender melhor a dimensão de tais atrocidades, sugiro uma visita ao mais importante memorial do holocausto judeu na Alemanha, a apenas 20 minutos de Munique: o Campo de Concentração de Dachau.

Baluarte da resistência à Reforma Protestante do século 16, a capital da Baviera segue destoando do restante da Alemanha em vários aspectos, inclusive pela natureza mais descontraída de seu povo. A cosmopolita cidade às margens do Rio Isar é a terceira mais populosa do país, depois de Berlim e Hamburgo, com quase metade de seus 1,5 milhão de habitantes formada por cidadãos estrangeiros ou nascidos fora da Alemanha. É também uma das mais ricas, com uma economia embasada em alta tecnologia e no setor automotivo – para quem aprecia automóveis, a sede e o museu da BMW são imperdíveis.

O Museu Alemão (Deutsches Museum) é, possivelmente, o mais interessante museu de ciência e tecnologia do mundo. Desde a primeira visita, há mais de 30 anos, procuro retornar ao local em cada passagem pela cidade. Outra atração excelente é a Antiga Pinacoteca (Alte Pinakothek), com obras-primas de mestres como Da Vinci, Rembrandt e Rubens.

Sobre Munique, é claro que não se pode deixar de citar cervejas e seus mais de 7 milhões de litros consumidos nas duas semanas da Oktoberfest original. A festa popular foi exportada para os quatro cantos do planeta, de minha cidade natal Santa Cruz do Sul e Blumenau, passando por dezenas de cidades nos EUA e Canadá e até mesmo pela pitoresca cidade chinesa de Qingdao, onde imigrantes teutônicos fundaram a Cervejaria Tsingtao, excelente marca exportada atualmente para mais de 60 países.

Aos 16 anos, um jovem residente de Munique trabalhou na instalação elétrica das tradicionais tendas da Oktoberfest, no parque de Theresenwiese. Alguns anos depois, Albert Einstein revolucionaria a ciência, tornando-se sinônimo de gênio no vocabulário universal. Natural de Ulm e filho de judeus asquenazes, Einstein mudou-se para Munique no primeiro ano de vida e estudou em uma escola católica local.

A cerveja, diga-se de passagem, salvou Munique de sua possível ruína, em 1632. Durante a Guerra dos 30 Anos, o Rei Gustavo Adolfo da Suécia ameaçou incendiar a cidade. Por fim, o monarca resolveu poupá-la, em troca da libertação dos prisioneiros suecos e de 600 mil barris da Hofbräuhaus, popular cervejaria ainda existente na capital da Baviera.

Como agradecimento por sobreviver à Guerra dos 30 Anos, a cidade construiu o monumento à Virgem Maria (Mariensäule), na Marienplatz. Ali, sob a sombra das torres gêmeas de 109 metros da catedral católica (Frauenkirche), as bandeiras de Israel e da Ucrânia pareceram-me uma espécie de ato de contrição de uma nação que tantos danos causou a judeus e ucranianos na Segunda Guerra. Digo isso pois senti que, para representarem genuína solidariedade, deveria estar ali também a bandeira dos palestinos, um povo vítima duas vezes: de uma organização terrorista espúria, o Hamas, com seus métodos cruéis e medievais; e da ganância do atual governo de extrema-direita israelense, que comete injustiças e atrocidades nos territórios palestinos. Civis de ambos os lados pagam o maior preço enquanto seus líderes, na segurança de Doha ou Jerusalém, parecem não se importar com a morte e o sofrimento de inocentes, seja de que lado estiverem.

Na fantástica tragédia de Goethe, um obcecado Fausto entrega sua alma ao diabo em troca do amor da bela Margarete (Gretchen). Na vida real, líderes infames ignoram qualquer escrúpulo em sua ambição bestial de poder, sacrificando a vida e a dignidade de milhões de pessoas. Do seu trono macabro e flamejante, o demônio Mefistófeles sorri satisfeito.

NORDHEIM-WESTFALEN, ALEMANHA

Destinos inesperados

Agradáveis surpresas em Xanten

Em uma viagem de última hora para o distrito de Wesel, no estado da Renânia do Norte-Vestfália, não tive tempo de pesquisar detalhes sobre o destino. Hospedei-me em Xanten, única cidade alemã com a letra X, próximo à fronteira com a Holanda. Antiga colônia romana de Ulpia Traiana, a localidade de 20 mil habitantes está entre as mais antigas do país, com um enorme parque arqueológico ligado à colonização dos romanos. Ao chegar ao Hotel Van Bebber, as fotos nas paredes e as informações do funcionário surpreenderam-me. O prédio com quase três séculos hospedou Napoleão Bonaparte, Rainha Vitória, Voltaire, Friedrich Engels e outras personalidades mais contemporâneas, como Winston Churchill, Montserrat Caballé, Bob Geldof, Angela Merkel e José Carreras. Uma caminhada pela pequena cidade às margens do Reno, contudo, revelaria uma surpresa, para mim, ainda mais interessante.

Na bela catedral gótica de São Vítor, desci até a cripta e encontrei o túmulo de Karl Leisner, único padre católico ordenado em um campo de concentração. Ainda adolescente, Karl fez parte de grupos do Movimento de Schoenstatt e tinha forte ligação com a Mãe Três Vezes Admirável e o Santuário original, que visitava sempre que possível. Durante o período nazista, Leisner estudou teologia em Münster e organizou secretamente grupos de jovens, o que era proibido pelo Reich. Sem demora, a polícia secreta (Gestapo) passou a seguir seus passos.

Logo após ser ordenado diácono, em 1939, Karl foi preso por suas críticas a Hitler e enviado ao campo de concentração de Sachsenhausen. Um ano depois, transferido para o campo de Dachau, fundou um círculo de Schoenstatt no chamado "Bloco dos Pastores", o mesmo que, em 1942, receberia o próprio fundador do movimento, Padre Josef Kentenich. Em dezembro de 1944, Leisner foi ordenado padre por outro prisioneiro, o bispo francês Gabriel Piguet. Em abril do ano seguinte, durante a libertação do campo, Karl deixou Dachau acometido de uma grave tuberculose. A doença tiraria sua vida poucos meses depois, aos 30 anos.

Karl Leisner foi beatificado pelo papa João Paulo II em 1996, no Estádio Olímpico de Berlim.

Aachen – tesouros históricos no berço da Europa

Em uma viagem ferroviária de Colônia até Düren, eu estava entusiasmado em uma conversa com um companheiro de viagem quando me dei conta de que havia passado do destino. Desci na estação seguinte, em Aachen, na tríplice fronteira Alemanha-Bélgica-Países Baixos.

Capital do Império dos Francos de Carlos Magno (748-814) no século 8, Aachen, com 250 mil habitantes, é também chamada de "cidade das águas". Fontes termais que correm pela região assustaram os primeiros colonizadores, que acreditavam que a água cálida vinha das profundezas do inferno. Os romanos, no século 1 d.C., logo descobriram a vantagem dessa água "satânica", construindo os primeiros banhos termais públicos. Hoje, os antigos spas fazem parte do luxuoso Carolus Thermen, complexo com oito piscinas e numerosas saunas.

Meu interesse maior na cidade, contudo, estava na Catedral (Dom) de Aachen. O estupendo templo, consagrado em 805, teve seu núcleo romanesco inspirado na Basílica de São Vital de Ravenna, Itália, com a posterior adição do coro, em estilo gótico. Trinta e um reis alemães foram ali coroados entre 936 e 1531. Atrás do altar, um relicário guarda os restos mortais de Carlos Magno, considerado o "Pai da Europa" (Pater Europae), por unificar a maior parte da Europa Ocidental, fragmentada desde o ocaso do Império Romano três séculos antes.

Adjacente à catedral, o Tesouro (Domschatzkammer) contém um busto de prata do rei dos francos (768), rei dos lombardos (774) e imperador do sacro Império Romano (800). Dentro da obra de arte, a caveira do imperador. O chamado Renascimento Carolíngio, por outro lado, não foi visto com bons olhos pela Igreja Ortodoxa Oriental, contribuindo para a posterior divisão de Roma e Constantinopla, no Grande Cisma de 1054.

Por mais que eu tente planejar destinos e agendas, surpresas estão sempre à espreita. Por vezes me pergunto se tais "acidentes" de percurso são felizes coincidências ou conspirações do destino. A resposta é irrelevante. O mais importante é tentar absorver o máximo possível dessas oportunidades, e torcer para seguirem acontecendo.

A COROA E A MITRA

O fio tênue entre Londres e o Vaticano

Enquanto o coro da Abadia de Westminster entoa "Zadok the Priest" (Zadoque, o Sacerdote), composição de Händel usada em coroações britânicas há três séculos, o Arcebispo da Cantuária, *primus inter pares* dos bispos anglicanos, unge o novo monarca no ápice da liturgia. A cerimônia realizada na quase milenar Abadia de Westminster é eminentemente religiosa, formalizando o papel do monarca como Governador Supremo da Igreja da Inglaterra.

Charles III recebeu os óleos sagrados sentado na lendária Cadeira de Eduardo, o Confessor (1003-1066), último rei anglo-saxão, canonizado pelo Papa Alexandre III em 1161. Datado do século 18, o trono ancestral tem, sob o assento, um espaço para a Pedra do Destino, usada por séculos na coroação de monarcas escoceses até ser confiscada pelos ingleses, em 1296. Devolvido à Escócia em 1996, o bloco de 150 quilos reside no Castelo de Edimburgo e será temporariamente unido ao trono real para a coroação.

A coordenação dos grandiosos eventos reais, como funerais e coroações, recai historicamente sobre o Earl Marshal (Conde Marechal), cargo ocupado desde o século 16 pelo mais graduado nobre inglês, o Duque de Norfolk. Paradoxalmente, os duques de Norfolk jamais se converteram à Igreja da Inglaterra, permanecendo fiéis ao catolicismo.

As ilhas britânicas mantêm-se indissociáveis do Cristianismo desde que o rei pagão Penda de Mercia foi morto em batalha, em 655. Os deuses saxões Tim, Woden, Thunor e Freya sobrevivem apenas no nome dos dias da semana na língua de Shakespeare. Contudo, a relação entre os cristãos britânicos, anglicanos e católicos, em particular, foi sempre recheada de conflitos.

Em 1534, Henrique VIII decidiu romper com Roma, fundando a Igreja Anglicana e autoproclamando-se cabeça da nova denominação. O intuito era driblar o Papa Clemente VII, que havia proibido o divórcio da primeira esposa, Catarina de Aragão, bem como o casamento com Ana Bolena, com quem o monarca esperava ter um herdeiro. Além disso, estava implícito o desejo de se livrar do poder de Roma, no que pode ser considerado o primeiro Brexit. Quando, dois anos depois, Henrique decidiu se safar também de Ana, que não lhe dava filhos, optou por uma decisão não menos radical, mandando decapitar a esposa, mesmo destino amargado por Katherine Howard, outra de suas seis consortes. Antes do quiproquó clerical, Henrique cultivava boa relação com Roma, tendo sido o primeiro monarca intitulado pelo Papa como Defensor da Fé. A abreviação de *Fidei Defensor,* "FID DEF", figura nas moedas britânicas até hoje.

Por séculos, a Igreja Católica foi considerada uma ameaça à monarquia e à nação. Em 1570, Pio V excomungou Elizabeth I, herdeira de Henrique VIII. A retaliação foi imediata, com punição aos católicos que não participassem de missas anglicanas e pena capital aos que protegessem padres, além de legislação que proibia católicos de ascenderem ao trono.

O parlamento, temeroso da influência papal, decretou, em 1673, que todos os oficiais civis e militares negassem a transubstanciação. Na mesma época, o chamado "Complô Papista", uma *fake news*, denunciava suposta conspiração papal para assassinar Charles II, suscitando uma onda de histeria anticatólica. Apesar disso, a realeza inglesa sempre nutriu certa fascinação por Roma. Alguns, como o próprio Charles II em seu leito de morte, converteram-se ao catolicismo.

Os 70 anos de reinado de Elizabeth II ficaram marcados pela aproximação inédita entre católicos e anglicanos. A Rainha visitou cinco papas e recebeu João Paulo II e Bento XVI. A fé da monarca impressionou os papas que com ela estiveram. Enquanto Elizabeth I havia sido chamada por Pio V como "falsa rainha e serva do crime", Elizabeth II era descrita nos corredores do Vaticano como "última monarca verdadeiramente cristã". Enquanto isso, o católico Duque de Norfolk seguirá presidindo coroações da realeza britânica, símbolo de que, apesar da hostilidade mútua do passado, a separação entre as monarquias britânica e papal jamais foi absoluta.

Seguidamente, conhecemos a história por pessoas e fatos isolados, cada um com significado notável em seu tempo. Sem o devido aprofundamento, porém, tudo parece desconexo, ausente de narrativa. Avaliando o conjunto histórico, concluímos que a ponte entre Londres e Roma, que esteve perto de ruir, restou fortalecida nas últimas décadas e, quem sabe, guarda tempos ainda mais promissores com Charles III e seus descendentes.

CATEDRAIS INGLESAS

Escadas para o céu

Ao avistar pela primeira vez a Catedral de Lincoln, imaginei um camponês do século 13 a caminho da cidade localizada sobre uma proeminente colina no centro-leste da Inglaterra. De longe, ele enxerga a construção mais alta do planeta, a primeira a superar a pirâmide de Quéops. Se, com as referências visuais e a informação que temos atualmente, somos ainda assim impactados por magníficas catedrais, o que se passaria na cabeça de aldeões e campesinos ao avistarem imponentes torres, monumentais fachadas, a vastidão das naves, a riqueza da decoração e o simbolismo das estruturas que remetem à glória divina?

Das 42 catedrais anglicanas em solo inglês, selecionei seis – Lincoln, Canterbury, Salisbury, Durham, York, Gloucester – e adicionei a Abadia de Westminster, que já foi catedral e hoje possui status especial na denominação cristã fundada pelos caprichos matrimoniais de um rei indisposto com o papa. Com idades entre 800 e 1000 anos, são templos que nasceram e cresceram católicos, sobreviveram à chamada Dissolução (leia-se destruição) dos Monastérios promovida por Henrique VIII (1491-1547) e, desde o século 16, fazem parte da Igreja da Inglaterra.

Deixei de fora catedrais igualmente magníficas, por serem mais "jovens", ou por um critério subjetivo e pessoal, referente ao impacto artístico e histórico que me causaram. Ficarão para outra oportunidade templos como a barroco-renascentista catedral londrina de Saint Paul, de 1675, a neobizantina Sé Catedral Católica de Westminster, de 1903 (não confundir com a Abadia de Westminster), e catedrais como as de Ely (1083), Wells (1175) e Norwich (1145).

Catedral de Lincoln, ano 1092

Além da monumental igreja, o entorno e o centro medieval de Lincoln proporcionam uma viagem no tempo. A catedral em estilo gótico normando tornou-se o prédio mais alto do mundo quando a torre central, com 160 metros, foi concluída em 1311. Em 1548, a parte superior (coruchéu) colapsou e jamais foi reconstruída. A catedral manteve por séculos um dos quatro originais da Magna Carta, até o valioso documento ser transferido para o adjacente Castelo de Lincoln.

Uma das características arquitetônicas mais marcantes é a assimetria e a variação de estilo das abóbadas, na nave central e nas laterais, no coro e nas capelas. Sobre o Coro de São Hugo – bispo canonizado em 1220 –, está a "abóbada louca", com nervuras diagonais assimétricas, uma das soluções criativas e arrojadas que permitiram vitrais maiores e mais altos, potencializando a luz natural.

Catedral de Durham, ano 1133

"Metade Igreja de Deus, metade castelo contra os escoceses" (Walter Scott).

Situada no norte da Inglaterra, o templo em estilo romanesco está na localização mais espetacular entre todas as catedrais inglesas, emoldurado por árvores formosas e por uma curva do Rio Wear. O verso do poeta refere-se às batalhas entre o seu país natal e a Inglaterra, no século 17, quando a catedral serviu como prisão. Dos 3 mil escoceses ali trancafiados, pelo menos 1.700 morreram de sede, fome e frio.

O corpo de São Cuteberto (634-687), bispo anglo-saxão, cujo esquife circulou entre vários mosteiros durante os ataques vikings à região no século 9, foi a motivação principal para a construção da catedral, que guarda também o corpo de São Beda (673-735) – um dos doutores da Igreja Católica – e a cabeça de Santo Osvaldo (604-642), rei da Nortúmbria, que expandiu o cristianismo no norte da Inglaterra.

Magna Carta

Símbolo universal dos direitos e das liberdades individuais, o documento de 1215 é considerado a pedra angular de constituições, declarações de direitos do cidadão e da própria democracia moderna. Concessão do Rei João para satisfazer revoltosos barões que formavam o sistema feudal inglês, foi uma solução prática para uma crise política. A carta limitou o poder do monarca e determinou que todo cidadão, inclusive o rei, estaria sujeito ao Estado de Direito (sem foro privilegiado!). As principais catedrais inglesas receberam o documento, eficiente forma de divulgação na época. Além dos originais das catedrais de Lincoln e Salisbury, sobreviveram também as cartas enviadas à Canterbury e Westminster, estas guardadas no tesouro da Biblioteca Britânica, em Londres.

Berços da conversão anglo-saxã

Em 595, o Papa Gregório I notou dois escravos loiros em um mercado de Roma e quis saber de onde vinham. O religioso, que revolucionou a liturgia católica e deu nome ao canto gregoriano, era forte oponente da escravidão. Ao ouvir que eram *angli*, como eram chamados em latim os povos da atual Inglaterra (*Anglia*), respondeu: *Non angli sed angeli* – "não são anglos, mas anjos". O episódio inspirou o pontífice a enviar um de seus monges para cristianizar aquela colônia insular, esquecida ao norte do Reino dos Francos.

O escolhido para a empreitada, monge Agostinho (Santo Agostinho de Canterbury), avistou as monumentais falésias de Dover antes de aportar em Kent em 597, região comandada pelo rei pagão Ethelbert. O italiano contava com uma importante aliada, a rainha consorte Berta (569-612), filha de um rei francês e católica fervorosa. Visitei recentemente em Canterbury a pequena igreja de São Martinho, a mais antiga da Inglaterra, deixada pelos romanos no século 4 e reformada por Santa Berta.

Catedral de Canterbury ou Cantuária, ano 1070, sobre a construção original de 597

O plano missionário da Santa Sé teve sucesso, convertendo um a um os reis anglo-saxões. Agostinho tornou-se o primeiro arcebispo da Cantuária, título que hoje representa o mais alto posto da Igreja Anglicana. Ethelbert concedeu o local para erigir a mais antiga catedral da Inglaterra. Os estilos gótico e romanesco do templo e as ruínas da abadia contam a história do cristianismo inglês.

O coração histórico da catedral é o local exato onde o arcebispo Thomas Becket (São Tomás da Cantuária, 1118-1170) foi assassinado por enviados do Rei Henrique II quando se preparava para as vésperas. Em 1982, ajoelharam-se ali o primaz anglicano Robert Runcie e o Papa João Paulo II, na histórica primeira visita de um papa à Inglaterra. Além de São Tomás, chama a atenção outra tumba famosa, a do príncipe de Gales Eduardo de Woodstock (1330-1376), mais conhecido como O Príncipe Negro. Na cripta da catedral, seu escudo e seu capacete estão em exposição.

Minha última visita à lendária catedral foi coroada com uma missa cantada (*Evensong*) pelo famoso Coral de Canterbury, existente há mais de 14 séculos.

Catedral de Gloucester, ano 1089, sobre o templo original de 681

Ao lado da catedral de Gloucester, pequena cidade do sudoeste britânico, ruínas de uma abadia do ano 678 são testemunhas do rápido avanço do cristianismo nos séculos 7 e 8, fomentado por Agostinho da Cantuária e Paulinus de York.

Na catedral, o claustro adjacente é renomado por suas abóbadas em leque, as mais antigas da Inglaterra. Atrás do altar principal, vitrais de uma gigantesca janela (22 x 12 metros) formam uma estrutura única e impressionante, construída para o funeral do controverso Rei Eduardo II (1284-1327). Assassinado próximo à catedral, o monarca passou para a história como incompetente, efeminado e perdedor de guerras. O certo é que ele deu muita atenção às artes e à educação, alavancando o crescimento das duas melhores universidades inglesas, em Oxford e Cambridge. Outro sangue azul sepultado na catedral é o "quase-rei" Robert II da Normandia (1087-1106).

Filho de Guilherme, o Conquistador, Robert seria o rei de direito, caso não tivesse sido aprisionado até sua morte pelo irmão mais novo, o Rei Henrique I.

Catedral de Salisbury, ano 1220

Em 2018, o ex-espião militar russo Sergei Skripal e sua filha foram envenenados em Salisbury, onde moravam, com Novichok, um agente nervoso letal desenvolvido pela União Soviética. No dia anterior, dois russos explicavam à Imigração do aeroporto de Gatwick que ficariam dois dias na Inglaterra para conhecer a torre de 123 metros da Catedral de Salisbury.

Desde o colapso do coruchéu de Lincoln, Salisbury tem a mais alta torre de uma igreja britânica. A catedral, contudo, é ignorada amiúde por turistas que vêm à cidade ansiosos para conhecer uma atração próxima e bem mais antiga: o monumento pré-histórico de Stonehenge. A igreja foi construída em somente 38 anos e, por isso, possui um único estilo, o que de certa forma a torna menos vibrante arquitetonicamente. As escaladas ao campanário e à estrutura da torre central justificam a visita. A igreja guarda ainda um dos quatro originais sobreviventes da Magna Carta.

A propósito, os "turistas" russos foram identificados meses depois: um era membro do serviço de inteligência de Moscou; o outro, médico nas tropas de Putin. Até hoje, ninguém foi punido pelo crime.

Entre a fé e a opulência

A primeira visão da nave principal de grandes catedrais causa uma reação quase física. Uma pausa na respiração e um silêncio contemplativo tornam-se necessários para absorver a carga artística, histórica e, principalmente, o simbolismo espiritual das milenares estruturas góticas e romanescas. Líderes políticos e religiosos as construíram, porém, bem mais do que esguios pilares de pedra, elaborados vitrais e esplêndida ornamentação, a piedade e a fé as solidificaram.

Colunas, arcos e contrafortes abraçam-se para sustentar o peso de altas torres e paredes. Independentemente de crença ou espiritualidade, é natural que locais aclamados como centros de peregrinação e templos históricos transmitam, no mínimo, perplexidade e reflexão. Preces, agradecimentos e adoração são componentes da intangível catedral da riqueza humana.

Catedral de York (York Minster), ano 1230, sobre templo original de 627

Além de ter inspirado o nome de um estado e da cidade mais populosa dos Estados Unidos, York orgulha-se de seu religioso palácio perpendicular, a maior catedral do norte da Europa. O templo gótico é a principal atração da cidade murada de 180 mil habitantes. Fundada como *Eboracum* pelos romanos no ano 71 d.C., York foi ocupada no século 9 pelos vikings, que a rebatizaram como Yorvik.

Após a invasão normanda, York tornou-se a segunda maior cidade inglesa e o porte da catedral deriva desse período de abundância. O termo "Minster", usado em vez de "catedral", tem origem anglo-saxã, como no caso da Abadia de Westminster. Imerso na esplêndida decoração, marcaram-me os espetaculares vitrais medievais, os mais antigos do mundo.

Abadia de Westminster, ano 1042

Westminster foi concebida como um palco ricamente decorado para os rituais da monarquia. Construída pelo Rei Eduardo, o Confessor (1003-1066), a Abadia de Westminster só foi consagrada uma semana antes de sua morte. O monarca, canonizado pela igreja católica em 1161, não foi coroado na abadia, mas está sepultado na igreja que idealizou.

Desde Guilherme, o Conquistador, em 1066, foram realizadas 40 coroações de soberanos ingleses e britânicos, afora 16 matrimônios reais. Além das tumbas de 18 reis e rainhas ingleses, escoceses e britânicos, há mais de 3 mil pessoas enterradas no templo gótico. O entorno da nave principal (ambulatório) e as magníficas capelas formam um conjunto de túmulos e memoriais de celebridades políticas, culturais e históricas.

A capela de Henrique VII, posterior ao altar principal, é considerada uma das maiores realizações arquitetônicas do Reino Unido, com extravagantes abóbadas em leque, pendentes e uma decoração inesquecível para homenagear os vários monarcas que ali jazem. Impactou-me ver, frente a frente, os túmulos e as efígies de Maria I (1533-1603), rainha dos escoceses e herdeira de direito do trono de Henrique VIII, e de sua algoz, a "Rainha Virgem" Elizabeth I (1558-1603), que sancionou a decapitação da prima escocesa após aprisioná-la por 19 anos.

Embora tenha sido uma catedral por um curto período, a Abadia possui hoje o status de *Royal Peculiar* na Igreja Anglicana, diretamente sob a jurisdição do monarca e fora de uma diocese. As coroações se dão sobre o estupendo pavimento Cosmati, um mosaico feito com 90 mil pedaços de vidro colorido e pedras, construído por artistas italianos no século 13.

A tradição de enterrar celebridades de fora da realeza na abadia iniciou no século 18. Destacam-se as tumbas dos cientistas Isaac Newton, Charles Darwin e Stephen Hawking, dos artistas Laurence Olivier e George Frideric Handel, dos escritores Charles Dickens e Rudyard Kipling, entre tantas outras. O único túmulo sobre o qual é proibido pisar é o do soldado desconhecido, situado na entrada da igreja desde 1920.

Em frente ao monumento de Isaac Newton, está enterrado o almirante Thomas Cochrane, Marquês do Maranhão no império brasileiro e fundador das Marinhas do Brasil e do Chile. Em visita oficial ao Reino Unido, o então presidente José Sarney pisou sobre o túmulo e exclamou: "Corsário!". O maranhense aludia ao saque de São Luís, em 1824, promovido pelo comandante escocês pouco antes de retornar ao Reino Unido.

COROAÇÃO BRITÂNICA

Sob a regalia, um compromisso de obediência

"As religiões são consideradas igualmente verdadeiras segundo o povo, igualmente falsas segundo os filósofos e igualmente úteis segundo os políticos"
(Edward Gibbon, 1737-1794).

O óleo preparado e consagrado pelo Patriarca Teófilo III, em Jerusalém, é servido em uma colher de prata do século 12 e, com ele, o Arcebispo da Cantuária (Canterbury) unge o novo rei na testa, nas mãos e no peito. Sentado em uma cadeira de 700 anos, construída para guardar uma pedra escocesa que um dia supostamente rugiu, o monarca é o cerne de uma cerimônia de aliança, amor e compromisso que atenua a aura de brutalidade natural do poder.

No dia 6 de maio de 2023, parte significativa da população do planeta estava sintonizada em uma rara cerimônia religiosa, cercada de luxuosa pompa, na qual Charles III tornara-se o quadragésimo rei coroado na esplêndida Abadia de Westminster. Um espetáculo de ostentação que pode parecer fora de lugar no século 21. Minha única aflição, como contribuinte da Receita Pública de Sua Majestade, é saber que o fausto ritual foi pago pelo erário.

Coroações não são requeridas por lei, já que o herdeiro assume a função imediatamente após a morte do soberano precedente. A nação, por outro lado, não abre mão do evento que, além do significado religioso, carrega a tradição milenar que materializa a união do país e fortalece seu símbolo maior: a Monarquia.

Palco do grandioso evento, a milenar abadia foi construída pelo Rei Eduardo, o Confessor (1003-1066), que, apesar de estar ali enterrado, não viu sua inauguração, morrendo uma semana antes da consagração do templo. Último rei anglo-saxão, o piedoso Eduardo foi canonizado pelo Papa Alexandre III em 1161. A primeira coroação na abadia foi a de Guilherme, o Conquistador (1028-1087), normando que subjugou a Inglaterra e colocou uma dinastia francesa no poder.

O estilo gótico que vemos hoje no templo de Westminster foi adicionado por Henrique III no século 13, rivalizando com as magníficas catedrais francesas. Em 1559, Elizabeth I, excomungada pelo Vaticano, tornou-o oficialmente parte da Igreja da Inglaterra. Há mais de 3.300 pessoas sepultadas naquele que podemos chamar de panteão britânico, incluindo 30 monarcas, 8 primeiros-ministros, personalidades da cultura e da ciência, políticos e líderes militares como o escocês Thomas Cochrane, criador da Marinha do Brasil e Marquês, além de saqueador, do Maranhão. Na entrada da igreja, em local de destaque, está o túmulo do soldado desconhecido.

Embora a coroação seja uma cerimônia cristã e, desde o século 16, protestante, no ápice do ritual a unção do soberano remonta ao pré-cristianismo do antigo testamento, como diz a letra da composição de Händel usada nas coroações dos últimos três séculos: "Zadoque, o sacerdote, e Natã, o profeta, ungiram o Rei Salomão". Embora o monarca não seja mais visto como escolha divina, a religião tem status oficial na política britânica. A Câmara dos Lordes no parlamento tem 26 religiosos cativos, incluindo o próprio Arcebispo da Cantuária, formando a bancada dos Lordes Espirituais (*ex officio*). Para quem acha muito, lembro que, em Brasília, em 2025, a chamada Frente Parlamentar Evangélica (Bancada da Bíblia), com 132 deputados e 14 senadores (25% do parlamento), é muito mais numerosa e colérica do que as batinas de Westminster.

A monarquia é o símbolo nacional, mas o monarca é há séculos uma criatura do parlamento britânico, real poder político da nação. Por isso, a coroação inicia com um contrato formal. No juramento, uma das promessas feitas pelo soberano é a de submeter-se sempre ao parlamento e jamais se colocar acima da lei. Além disso, deve seguir a religião de seu povo. Como consequência, ao cruzar a fronteira com a Escócia, o monarca troca de religião, assumindo o presbiterianismo, prática oficial do país vizinho.

Para nós brasileiros, estranhos a tanta pompa e tradição, fica pelo menos a lição de como, através do simbolismo e da identidade nacional, é possível unir uma nação sem precisar negar sua diversidade, sem gerar divisão entre o povo e sem buscar um inimigo comum para benefício próprio. Em tempos de descrédito na política, vale lembrar que, ao olharmos para os eleitos, estamos diante de um espelho. O que não gostamos em legisladores e mandatários é, frequentemente, o que abominamos em nós mesmos. Vida longa ao Rei...e a seus súditos!

BELMARSH

A versão bretã de Guantánamo

Londres é uma das cidades mais vibrantes do planeta, com incríveis destinos de extraordinário interesse histórico. Desta vez, porém, abordo um local pouco conhecido da capital britânica. Embora carregue o nome da monarquia e ofereça acomodação franqueada, poucos se interessam em visitá-lo e, imagino, ninguém almeja conhecê-lo por dentro.

A Prisão de Sua Majestade de Belmarsh, no sudeste de Londres, é a penitenciária de segurança máxima mais famosa do Reino Unido. Construído em 1991 na margem sul do Rio Tâmisa, sobre o antigo Arsenal Real, fábrica de armamentos do século 17, o complexo penitenciário logo ficou conhecido como a versão britânica da prisão de Guantánamo. A referência ao enclave americano em Cuba deve-se ao hábito de deter, por tempo indeterminado, acusados de terrorismo. Além da notória periculosidade dos internados, o local ficou conhecido pela violência usada para controlá-los. Um de seus famosos presos, o ex-parlamentar Jeffrey Archer, a apelidou de "Hellmarsh", o pântano do inferno.

Além de Archer, outros políticos ingleses foram alojados em Belmarsh, junto a perigosos condenados, como o neonazista David Copeland, o violento assaltante Michael "Charles Bronson" Peterson e o terrorista Hashem Abedi, autor do massacre da Arena de Manchester. Cito agora dois ex-prisioneiros notáveis, um pela repercussão mundial e o outro pela relação íntima com o Brasil.

O jornalista Julian Assange, para muitos um prisioneiro político, publicou em 2010, no site fundado por ele (Wikileaks), informações secretas obtidas de um agente da inteligência militar. Os documentos implicaram o governo americano em espionagem, assassinatos de civis e interferência em outros países. Ou seja, poucas novidades. Em 2012, em uma trama orquestrada por Washington, a justiça britânica e a Interpol indiciaram Assange com base em uma pretensa acusação de estupro – posteriormente retirada – na Suécia, país com maior facilidade de extradição para os EUA.

Ao ver-se sem saída e prestes a ser remetido ao país escandinavo, o australiano entrou na Embaixada do Equador, em Londres, e dali não saiu pelos sete anos seguintes. Em abril de 2019, o governo equatoriano revogou a concessão de asilo. Assange foi subitamente removido pela polícia londrina e encarcerado na Prisão de Belmarsh. Em junho de 2025, um acordo com a justiça americana permitiu que Assange fosse finalmente libertado. Após o calvário de 14 anos, Julian está livre e de volta ao país natal. Em suas próprias palavras, "se guerras podem ser provocadas pela mentira, a paz pode ser incitada pela verdade".

Assalto ao Trem Pagador

Em 8 de agosto de 1963, sobre a ponte ferroviária de Bridego, ao norte de Londres, uma quantia em espécie equivalente (em valores atuais) a 500 milhões de reais foi roubada de um trem postal que havia partido de Glasgow, na Escócia, com destino à estação de Euston, na capital britânica. Liderados por Bruce Reynolds, a gangue de 16 comparsas incluía Ronald "Ronnie" Biggs. Ronnie foi preso pela Scotland Yard três semanas depois do assalto, após suas impressões digitais serem encontradas em uma lata de molho de tomates localizada no esconderijo da quadrilha.

Após 15 meses de pena, Biggs escapou da prisão e fugiu de barco para a França, onde se submeteu a uma cirurgia plástica antes de se refugiar na Austrália. Ao saber que a Interpol estava em seu encalço, o britânico partiu em um navio para o Panamá, de onde voou para o Brasil, desembarcando no Rio de Janeiro em 1970. O inglês passou mais de três décadas na capital fluminense, levando uma vida de celebridade e confraternizando com curiosos que, por uma gratificação, ouviam os detalhes do assalto diretamente de um dos protagonistas.

A história de Biggs é repleta de aventuras. Para citar somente um episódio, um grupo de ex-militares britânicos o sequestrou em 1981, deixando o Rio de Janeiro via marítima para conduzi-lo ao Reino Unido. A embarcação teve problemas mecânicos em Barbados e os ocupantes tiveram que ser resgatados pela guarda costeira. Como o Brasil, Barbados não tinha acordo de extradição com o Reino Unido e Ronnie acabou despachado de volta à cidade maravilhosa. Em outra curiosidade, Mike, filho do inglês com a dançarina brasileira Raimunda de Castro, fez sucesso nos anos 1980 como cantor do grupo infantil Balão Mágico.

Em 2001, em um acordo financeiro com o tabloide *The Sun*, Biggs concordou em retornar ao Reino Unido. Ao desembarcar em Londres, foi conduzido à prisão de Belmarsh para cumprir os 28 anos que restavam da pena. Em 2009, doente e prestes a completar 80 anos, o britânico foi libertado por razões humanitárias. Ronnie Biggs faleceu em dezembro de 2013, aos 84 anos. Na mesma noite, a BBC lançava o filme *The Great Train Robbery*, comemorando o cinquentenário do espetacular assalto que, com meticuloso planejamento, extensa preparação e ausência de armas, chegou a conquistar certa simpatia da opinião pública. Sobre o caixão de Ronnie, o pavilhão britânico dividia espaço com a bandeira do Brasil.

CAMBRIDGE, INGLATERRA

Oito séculos de excelência

"A verdade é filha do silêncio e da meditação" (Isaac Newton).

A história de Cambridge, cidade de 145 mil habitantes, a 100 quilômetros de Londres, confunde-se com a universidade ali fundada, em 1209, por professores dissidentes da Universidade de Oxford. Nos últimos oito séculos, o legado de seus cientistas e pensadores transformou o destino do antigo povoado medieval atravessado pelo Rio Cam. De forma incomparável, Cambridge irradiou conhecimento e descobertas que mudaram radicalmente a forma com que enxergamos e explicamos o mundo, a vida e a humanidade.

Organizada em sistema de colegiado, 31 faculdades (*colleges*) formam a terceira universidade mais antiga do mundo ainda em atividade, depois da vizinha Universidade de Oxford, fundada em 1096, e da Universidade de Bolonha, Itália, fundada em 1088. O Trinity College é a faculdade mais prestigiada, onde Isaac Newton foi estudante e docente. O King's College, o Caius College e o Christ's College também estão entre as faculdades mais famosas da antiga instituição, que conta com mais de 24 mil estudantes e cerca de 6 mil docentes.

Além de Newton, Cambridge é *alma mater*, entre tantos outros, de Charles Darwin (teoria da evolução), Alan Turing (pai da ciência computacional), Bertrand Russell (eminente filósofo e matemático), Charles Babbage (inventor do computador) e do físico Stephen Hawking (1942-2018), que, mesmo acometido pela doença de Lou Gehrig (ELA), trabalhou e produziu na universidade até seus últimos dias.

Em seus lendários departamentos, como o Laboratório Cavendish, renomados cientistas fizeram descobertas fundamentais. Para citar alguns exemplos, a estrutura helicoidal dupla do DNA, em 1953, por Francis Crick e James Watson, descoberta baseada nas ideias da cientista Rosalind Franklin, a identificação das partículas atômicas nêutron e próton por, respectivamente, James Chadwick e Ernest Rutherford, e os trabalhos do escocês James Clark Maxwell, que resultaram na teoria da radiação eletromagnética.

A cidade merece uma visita mesmo por quem não se interessa tanto pelo conhecimento e pela ciência ali produzidos. Passear pelas ruas medievais, pelas belíssimas faculdades fundadas por nobres, reis e rainhas britânicos, pela Ponte Matemática e até conhecer o prédio onde a banda Pink Floyd (David Gilmour e Syd Barrett estudaram em Cambridge) fez sua primeira apresentação, convenientemente pintado de rosa, valem a visita.

Muito mais do que a beleza e o peso histórico de Cambridge, a contribuição intelectual emanada do lugar fascina e inspira. Nada menos do que 125 vencedores do prêmio Nobel partiram de uma cidade menor que minha cidade natal, Santa Cruz do Sul. Recentemente, nós brasileiros comemoramos, com razão, a conquista do primeiro Oscar para o país. Que não tarde o dia em que comemoraremos, ainda mais efusivamente, o primeiro prêmio Nobel do Brasil, uma nação na qual a educação básica de qualidade, o desenvolvimento científico e o avanço tecnológico são tão necessários.

O maior de todos os cientistas

Sir Isaac Newton nasceu no dia de Natal de 1642, em Woolsthorpe, Inglaterra. Era o mesmo ano da morte de Galileu Galilei. Seu pai falecera duas semanas antes, e sua mãe, ao se casar novamente, abandonou-o aos 3 anos de idade para ser criado pelos avós. Apesar da turbulenta infância, o brilhantismo intelectual do menino levou-o ao Trinity College, de Cambridge, em 1661. Aos 27 anos, Isaac Newton tornou-se Professor Lucasiano de Matemática, possivelmente o mais importante título acadêmico do mundo. A mesma posição foi ocupada por Stephen Hawking até 2009.

Ainda jovem, Newton determinou qual seria sua estratégia na busca da verdade: o trabalho árduo, o celibato e a solidão. O italiano Galileu havia revelado que os planetas giram em torno do sol, mas restava descobrir as leis que regiam esse movimento. Durante a peste bubônica que assombrou a Inglaterra (1665-1666), Newton deixou o Trinity College para se recolher em sua cidade natal. Segundo relatou décadas depois, foi ali que a queda de uma maçã teria gerado o efeito Eureca, momento em que ele conectou a queda de um objeto na Terra com o movimento orbital da lua e dos planetas.

Em casa, Isaac descobriu ainda a composição da luz, as leis universais do movimento (Leis de Newton), explicou a órbita elíptica dos planetas, e, para que tudo isso pudesse ser calculado, inventou um novo ramo da matemática, o cálculo, terror ou fascínio para os estudantes de ciências exatas. Em vez da teoria de René Descartes, segundo a qual existiria um mecanismo físico da máquina do universo, uma lei simples e universal explicou o cosmos em função de uma força que ele chamou de gravidade.

Sua mais famosa publicação foi *Philosophiae Naturalis Principia Mathematica* (Princípios Matemáticos da Filosofia Natural), de 1687, onde explica com simplicidade, elegância e precisão as leis do movimento e a lei universal da gravidade. Tudo isso foi apresentado antes de ele completar 26 anos. O inglês nem sequer se preocupou em divulgar a matemática envolvida e só publicaria as bases do cálculo quatro décadas depois da invenção, quando o alemão Gottfried Leibniz surgiu com um estudo semelhante.

Os manuscritos de Newton, muitos deles escritos em código, revelam também sua profunda religiosidade e uma certa obsessão por ciências ocultas e alquimia. Seu objetivo de vida era assemelhar-se a Cristo. Morreu sem jamais ter tido um relacionamento amoroso, algo pelo qual ele demonstrava um orgulho ainda maior do que por suas descobertas científicas. Entre os escritos do inglês, que falam muito mais sobre religião do que sobre física e matemática, está um cálculo do ano em que a Bíblia profetiza o fim do mundo (Armagedão), que Newton determinou como sendo 2060.

Seu maior legado foi, é claro, científico. Para explicar com mais exatidão, por exemplo, a velocidade de um corpo em um determinado momento da queda (e não somente sua velocidade média), não havia ferramenta matemática disponível. Newton considerou então variações infinitesimais de espaço e tempo (maiores que zero, mas menores do que qualquer número imaginável). O cálculo diferencial é aplicado hoje em física, química, biologia, variações populacionais, economia etc.

No isolamento, ele usou um prisma para dividir a luz, que se acreditava ser pura, nas cores do arco-íris e provou cientificamente que a luz branca é uma combinação das demais cores, descoberta que só publicou muitos anos depois, ao ser admitido na prestigiada Sociedade Real, entidade da qual foi presidente. Cinco décadas antes, Galileu inventara o telescópio, usando lentes. Newton aperfeiçoou o dispositivo usando espelhos, que magnificam ainda mais os objetos observados sem distorcê-los. O princípio é usado até hoje em todos os telescópios, na Terra ou no espaço.

Ao aproximar-se da velhice, mudou-se para Londres como membro do parlamento inglês – a Universidade de Cambridge tinha direito a duas cadeiras em Westminster. Posteriormente, ocupou a posição de Master of the Mint, título equivalente a Presidente do Banco Central, e ajudou a recuperar a quase falida economia britânica. Morreu aos 84 anos, em 1727, e seu belíssimo túmulo ocupa posição de destaque na Abadia de Westminster, em Londres.

Sua simples fórmula para o movimento universal – corpos se atraem na razão direta do produto de suas massas e na razão inversa do quadrado da distância entre eles – foi uma revolução na forma como pensamos o planeta, o sistema solar e o universo. Mudou também o modo como nos enxergamos no cosmos. No século passado, a gravidade foi explicada por Albert Einstein como uma distorção causada pela massa no tecido espaço-tempo, uma espécie de consequência da ocupação do espaço. As magníficas descobertas de Newton podem ser expandidas para o mundo do pensamento e da existência, em uma rede infinita em que tudo e todos estão absolutamente interconectados.

PAÍS DE GALES

Unido por inimigos comuns

Ao longo da história, até meados do século 20, o mundo viveu praticamente sem regras multilaterais ou organismos plurinacionais. O que valia era a lei do mais forte, com a percepção de que ocupar e dominar outros territórios, soberanos ou não, era um direito implícito de países militarmente poderosos. Um conjunto de antigas tribos celtas, conhecido hoje como País de Gales, foi por séculos uma constante vítima dessa lacuna na ética internacional.

No final da Idade do Bronze (700 a.C.), grupos celtas migraram da Europa Central para a Grã-Bretanha, na época um território com clima hostil e parcamente habitado. Nos séculos seguintes, a chegada de invasores foi empurrando gradativamente esses povos para os confins ocidentais da ilha. A geografia da protuberância montanhosa do oeste da Grã-Bretanha facilitou a concentração celta na região que os galeses chamam hoje de Cymru (pronuncia-se camri). Já o termo Gales, ou em inglês, Wales, significa "estrangeiro" na raiz germânica, e vem da forma com que os invasores tratavam esses povos que podemos chamar de originários.

Os romanos, por exemplo, permaneceram por mais de três séculos nas ilhas britânicas. Ao mesmo tempo que oprimiram e exploraram os povos locais, indiretamente os césares criaram uma união contra inimigos comuns, especialmente os que se seguiram: saxões, vikings, normandos e, mais recentemente, a combinação de todos eles, os ingleses. A unificação das várias tribos celtas, que originalmente lutavam umas contra as outras, criou uma coesa nação. No esforço de manter o domínio na região e abafar as constantes revoltas nacionalistas durante a Idade Média, mais de 600 castelos foram construídos pelos invasores, espalhados pela bela e montanhosa paisagem galesa.

Embora o país tenha sido oficialmente anexado à Inglaterra em 1536, e apesar das repetidas ocupações, a identidade foi mantida também pela língua e pela literatura. Escritores e pensadores, como Roald Dahl e Bertrand Russell, estão entre seus maiores expoentes.

Um galês, este menos famoso, teve seu nome imortalizado no teto do mundo. Sir George Everest, nascido próximo à capital galesa, Cardiff, foi o responsável por mapear a Região do Himalaia e acabou homenageado com o nome do pico mais alto do planeta. Em outra curiosidade, em meio às guerras com os galeses iniciadas pelo belicoso Rei Eduardo I (1239-1307), o monarca seguinte, seu filho Eduardo II (1284-1327), nasceu no belo Castelo de Caernarfon, Gales, e foi chamado de Príncipe de Gales. Tradicionalmente, desde então, o título de nobreza cabe aos herdeiros do trono inglês. O atual Príncipe de Gales é William, herdeiro aparente da coroa britânica.

Em 1999, a pressão popular e o renascimento do espírito nacionalista fizeram com que o País de Gales voltasse a ter certa autonomia. O parlamento local foi criado, a língua galesa voltou a ser popular e os símbolos nacionais, em especial a bandeira alviverde com o proeminente dragão vermelho, passaram a ser usados regularmente.

A língua, aliás, foi mantida graças em grande parte à tradução da Bíblia para o galês, logo após as reformas protestantes. Proibida nas escolas, era, contudo, permitida na catequese, o que salvou o galês. Somente em 1967, o idioma falado por cerca de um terço da população foi reconhecido como oficial, juntamente com o inglês. No mesmo ano, o País de Gales tornou-se uma nação separada da Inglaterra, embora permaneça parte do Reino Unido da Grã-Bretanha e Irlanda do Norte.

De volta ao ponto inicial, e avaliando o mundo de hoje, a lei do mais forte entre os países, que parecia ter sido abandonada, retorna com força, infelizmente, em várias partes do globo. Crescem o ódio e a destruição do que resta da frágil ordem internacional, alimentados por líderes fascistas e truculentos que exploram a não política, o caos das redes sociais descontroladas e, principalmente, a desesperança do povo.

Extremismos à parte, a falta de uma estratégia e de um pensamento conciliador dos setores mais progressistas e democráticos também colabora para o obscuro cenário. Por que não podemos seguir o exemplo histórico de união dos galeses? Inimigos comuns, não nos faltam.

ILHA DE MAN

Uma isolada e orgulhosa nação celta

Partindo do porto de Liverpool, três horas de navegação ao noroeste conduziram-me até a Ilha de Man, território insular isolado entre a Irlanda e a Grã-Bretanha. Vindos do leste, há 15 séculos, missionários irlandeses chegaram e se estabeleceram na pequena ilha. Além do cristianismo, eles traziam consigo a herança celta, identidade da nação de 48 quilômetros de comprimento por 24 de largura. Junto com o inglês, o manês é a língua oficial. Uma das variações da família linguística celta (como o irlandês e o gaélico escocês), o idioma absorveu um tempero viking, graças às invasões nórdicas.

A Ilha de Man é hoje uma dependência da Coroa Britânica, mas permanece autônoma. Na prática, os 80 mil habitantes da ilha têm moeda, sistema legal, governo e parlamento próprios, mas dependem do país de Charles III – em troca de uma taxa anual – no que se refere à defesa e à representação internacional.

Durante a invasão viking, no ano 979, foi fundado o Tynwald, o mais antigo parlamento do mundo ainda em funcionamento. Em 1099, Man tornou-se parte do Reino da Noruega, até o Rei Magno VI decidir vendê-la para a Escócia, em 1266. A partir daí, Escócia e Inglaterra revezaram-se no domínio da nação por séculos, até ser finalmente incorporada à Coroa Britânica, em 1765. Oficialmente, porém, a ilha jamais fez parte do Reino Unido. Como prova da vanguarda local, a Ilha de Man foi um dos primeiros lugares do mundo a conceder direito de voto às mulheres, em 1881.

Entre as várias curiosidades do território manês está a raça de gatos manx, felinos nativos da ilha que têm uma característica singular: a ausência de cauda. Outra particularidade é a ausência de limite de velocidade fora de áreas urbanas. Eu suspeito que esta seja a causa (ou consequência) de um dos eventos anuais mais esperados do motociclismo, que acontece na ilha.

A renomada corrida de rua TT (*tourist trophy*) ocorre nas ruas e rodovias de Man desde 1907. É considerada a prova de automobilismo mais perigosa do mundo. Em um fenômeno passional, e de certa forma irracional, não se trata de se alguém morrerá durante as provas, mas sim de quantos morrerão a cada ano sobre suas potentes motocicletas. Foram 250 mortos até hoje e, na edição de 2005, velocidades de mais de 200 km/h causaram nada menos do que 11 fatalidades. Apesar de não mais fazer parte do circuito internacional de motociclismo, o evento segue com enorme prestígio em suas várias categorias.

Ao longo dos séculos anteriores, a economia da ilha foi alavancada pelo contrabando. Até o século 19, Man era conhecida como o paraíso dos traficantes. O status legal independente e a costa rugosa, propícia para atracar e ocultar mercadorias, facilitava o comércio ilegal de tabaco, bebidas, armas e até de pessoas. Hoje, os negócios por ali são mais legítimos, com força nos setores bancário e de tecnologia da informação. A propósito, no topo da lista estão os sites de apostas, responsáveis por 17% do PIB. As vantagens fiscais também fazem de Man um dos locais com maior número de jatos privados registrados do mundo. Jornais noticiaram recentemente o caso do piloto de Fórmula 1, Lewis Hamilton, que registrou em Man sua aeronave Challenger 605, avaliada em R$ 140 milhões. A economia de impostos do britânico foi de R$ 27 milhões.

Presente na bandeira, nas cédulas da libra manesa e nos monumentos da nação, o triskelion é um símbolo de origem grega trazido, provavelmente, da Sicília. Trata-se de uma forma circular com três pernas, que também se reflete no lema da nação: *Quocunque jeceris tabit,* latim de "Para onde me atirares, cairei em pé". Entre os filhos mais famosos da ilha, estão os irmãos Maurice, Robin e Barry Gibb, mais conhecidos como os Bee Gees. Os músicos têm uma estátua de bronze na capital, Douglas.

Os nativos de Man fazem o possível para proteger sua língua, sua cultura e suas tradições. Cinquenta e dois porcento dos residentes são estrangeiros, que quase sempre aportam em Man para usufruir dos benefícios fiscais. Alguns deles tentam mudar os hábitos locais. Para estes, os maneses têm sempre uma frase pronta, irônica e direta: "Há um barco partindo pela manhã".

IRLANDA DO NORTE

Dividida por nacionalismo, religião e história

Era minha primeira visita à Irlanda do Norte, em 2001, por ocasião do casamento de minha irmã. No caminho do hotel até a catedral católica de São Pedro, na capital Belfast, o motorista anunciou que teria de fazer um desvio de rota devido a um veículo que estava em chamas. Tínhamos ali mais um sinal de que os conflitos, embora arrefecidos, ainda estavam longe de serem eliminados.

Em Belfast, a chamada "Linha da Paz" é uma fronteira física de seis metros de altura, construída há 50 anos para dividir duas comunidades de etnias e/ou religiões diferentes. Uma boa parte dela, assim como a atual fronteira com a República da Irlanda, permanece como a materialização de uma divisão profunda, histórica e trágica.

A Irlanda do Norte surgiu em 1921, na região do norte conhecida como Ulster, quando 6 dos 32 condados irlandeses separaram-se da recém-independente Irlanda. Desde então, o país é parte do Reino Unido da Grã-Bretanha e Irlanda do Norte, nome oficial do país de Charles III.

Embora a tensão religiosa e étnica seja ainda mais antiga, os principais conflitos tiveram início no final do século 16, com as invasões ostensivas do Rei James I e, posteriormente, de Guilherme de Orange, monarca protestante importado dos Países Baixos que destronou o católico James II e acarretou ferozes batalhas entre os Jacobitas e as tropas leais a Londres.

A partir de 1609, a colonização do nordeste irlandês procurou assegurar o domínio britânico da ilha através da ocupação militar e da migração de populações protestantes da Escócia e da Inglaterra, em especial nos condados que hoje formam a Irlanda do Norte. Tais objetivos foram não só plenamente alcançados, mas reverberam até hoje na ilha.

Sob domínio bretão, os irlandeses passaram por provações e sofrimento. Mais de um milhão de pessoas morreram na Grande Fome de 1845-1849, que causou uma diáspora, principalmente para a América do Norte. O sentimento de que o Reino Unido não agiu para socorrer seus súditos irlandeses reacendeu movimentos étnico-nacionalistas pela independência. Organizações paramilitares surgiram nas décadas seguintes, a mais famosa delas o Exército Republicano Irlandês (IRA).

A partir de 1920, batalhas e acordos geraram uma solução de dois estados, com a República da Irlanda independente e a Irlanda do Norte anexada ao Reino Unido. Nesta, a minoria católica seguiu sofrendo pesados preconceitos. Décadas de polarização e atrito geraram o período conhecido como The Troubles (1969-1998). O IRA recebia armamento do líder líbio Muammar Gaddafi e os grupos paramilitares unionistas eram fornecidos pela África do Sul.

A entrada de militares da Grã-Bretanha piorou a situação, e os nacionalistas sentiram-se ainda mais atingidos, culminando na declaração de guerra de Londres contra o IRA. Belfast tornou-se um campo de batalha, com áreas católicas e protestantes promovendo mútuos ataques.

Finalmente, em 10 de abril de 1998, o chamado Acordo da Sexta-feira Santa encerrou o período de maior conflito. Três décadas de guerrilha resultaram em mais de 3.500 mortos – 1.840 deles civis – e mais de 50 mil feridos.

Hoje, o país está muito desenvolvido, ainda que cicatrizes como a linha da paz de Belfast permaneçam visíveis. A Irlanda do Norte tem belíssimos locais para visitar, como as formações geométricas costeiras conhecidas como Ponte do Gigante. Em Belfast, o moderno Museu Titanic conta a saga do malfadado navio. Ao lado do museu, estão as históricas gruas do antigo estaleiro Harland & Wolf, onde a embarcação foi construída.

Sob uma máscara religiosa, os problemas da Irlanda do Norte estão mais ligados ao conflito étnico e político que resultou em intolerância generalizada, colonização forçada e descaso por parte dos opressores.

Em 2025, perdemos uma referência histórica de inclusão, justiça social e tolerância religiosa. O Papa Francisco foi fantástico na forma com que tocava em feridas seculares e insistia na reconciliação universal, sem ferir os princípios da Igreja Católica. Em um mundo carregado de ódio, hipocrisia e intolerância, podemos ser como Francisco, que viveu e ensinou a verdadeira ética cristã. Na Irlanda, oxalá veremos, nas próximas décadas, uma unificação baseada no exemplo do diálogo corajoso do primeiro pontífice jesuíta.

PARTE 4
AMÉRICAS

COLÔMBIA

Resgatada de seu próprio inferno

"Um desastre cultural não é remediado com chumbo ou prata (violência ou dinheiro), mas com uma educação para a paz, construída sobre os escombros de um país inquieto, no qual nos acordávamos cedo para seguir matando uns aos outros"
(Gabriel García Márquez).

Caminhando pelas ruas de Bogotá, eu reparava na população a tranquilidade e a alegria proporcionadas pela segurança e pelo sentimento de que o país avança social e economicamente. Melhor ainda é saber que, após décadas de truculência, polarização e violência militar, as melhorias vieram através da política autêntica e do diálogo. Para entender o sentimento de alívio dos colombianos, é preciso conhecer a história mais recente do país fundado no início do século 19 pelo libertador Simón Bolívar.

Após décadas de alternância entre os partidos liberal e conservador, ambos sob o controle de oligarquias locais, surgiu nos anos 1940 uma nova liderança. Com forte apoio da juventude e da população rural, o ex-ministro da educação e ex-prefeito de Bogotá, Jorge Eliécer Gaitán (1903-1948), era o favorito para as eleições presidenciais. Pouco antes do pleito, contudo, Gaitán foi assassinado à luz do dia, aniquilando a esperada chance de um representante de trabalhadores e oprimidos assumir maior protagonismo político.

O assassinato resultou na enorme revolta popular conhecida como Bogotaço, que destruiu a região central da capital. Iniciava ali o período conhecido como "La Violencia", em que o governo conservador usou ostensiva força policial e militar contra os liberais revoltosos, que então passaram a se organizar em uma força armada.

Em 1958, após milhares de mortes e prisões, os dois partidos chegaram a um acordo, criando a Frente Nacional, que intercalou novamente o poder entre liberais e conservadores. O retorno da elite ao poder reacendeu a revolta no interior do país. Liderados pelo ex-liberal Pedro Marín (codinome Manuel Marulanda), os revoltosos criaram um enclave independente, a República de Marquetalia, que, embora baseada em princípios comunistas e inspirada na revolução cubana, não desejava um conflito com o governo.

Em 1964, com apoio dos Estados Unidos, o Exército Nacional enviou 16 mil militares para combater Marquetalia, que contava com não mais do que cinquenta homens armados. Marulanda e seus comandados fugiram para a selva colombiana e fundaram as Forças Armadas Revolucionárias da Colômbia, mais conhecidas como FARC.

Os princípios originais das FARC eram a igualdade de direitos e a melhoria das condições da população, principalmente no meio rural. Milhares aderiram e, para sustentar tal exército, eram necessários recursos. Em 1970, foi adotada a estratégia de cobrar taxas do tráfico de cocaína e, ao encontrarem resistência, sequestrar familiares dos traficantes.

O crescimento do grupo passou a chamar a atenção de Bogotá, culminando no acordo com parte dos liberais que criou a União Patriótica (UP). Pela primeira vez, um grupo da esquerda radical passou a ter representação no congresso. Contra eles, todavia, uniram-se o governo conservador, o exército e os traficantes, dissolvendo o movimento através da repressão dos apoiadores e do assassinato dos principais líderes, sempre com a justificativa de evitar o comunismo.

Em uma bola de neve de violência, as FARC passaram a sequestrar civis que apoiavam o governo e, no início dos anos 1990, a situação perdeu o controle. A Colômbia tornara-se um dos países mais violentos e perigosos do planeta. Finalmente, após décadas de conflito e violência, o presidente Juan Manuel Santos decidiu investir no diálogo, pacificando a Colômbia. O êxito valeu-lhe o Prêmio Nobel da Paz de 2016, e a população pôde, finalmente, focar na recuperação do país.

Falar da Colômbia ou das FARC sem entender as origens e a história induz a erros e à desinformação tendenciosa. A violência da guerrilha e de seus atos criminosos são lamentáveis. Da mesma forma, a opressão e a injustiça levam a níveis insustentáveis de sofrimento humano que podem causar um caos social como o que ocorreu na Colômbia.

Em vez de discórdia irracional e conflito, tentar dialogar com legítimos opositores é sempre mais sensato. A Colômbia ainda tem problemas de desigualdade e desenvolvimento, mas é uma prova de que, com boa vontade e inteligência, é possível sair rapidamente de uma situação que parecia sem solução, ressurgindo com melhor qualidade de vida, paz e esperança.

Diversidade na terra do ritmo

"Um país começa com um nome e uma bandeira, e então se transforma em ambos, assim como um homem que cumpre seu destino"

(Goethe).

Em 1819, depois das árduas batalhas com os espanhóis pós-independência da Venezuela, Simón Bolívar entrou em Bogotá e proclamou a República da Colômbia – depois chamada de Grã-Colômbia para diferenciar do atual território colombiano. O novo país cobria também o Panamá, a Venezuela, o Equador e partes do Peru e do Brasil. Cristóvão Colombo, que havia perdido o nome do continente para o florentino Américo Vespúcio, foi pelo menos homenageado com um dos países do Novo Mundo que descobrira para os europeus.

A origem bolivariana comum explica as faixas em amarelo, azul e vermelho usadas nas bandeiras colombiana, venezuelana e equatoriana, baseadas no pendão original de Colombo e na ideia de um de seus fiéis revolucionários, Francisco de Miranda, inspirada em uma conversa com o grande escritor Johann Wolfgang von Goethe. O alemão, fascinado ao ouvir as aventuras do Novo Mundo, disse a Miranda: "Teu destino é criar uma terra onde as cores primárias não serão jamais distorcidas".

Uma amostra da riqueza mineral que os espanhóis encontraram na região pode ser vista no Museu do Ouro de Bogotá. São mais de 55 mil artefatos de vários períodos históricos que refletem, além da beleza artística, a riqueza cultural das civilizações indígenas anteriores aos chamados descobrimentos. Os achados convenceram os conquistadores de que haviam encontrado o mítico Eldorado, onde haveria ouro em abundância. A descoberta dourada nunca aconteceu, mas o brilho das esmeraldas logo encheu os olhos dos recém-chegados.

Apesar da proximidade da linha do Equador, Bogotá é conhecida como "La Nevera" (O refrigerador), graças às temperaturas que variam entre 14 e 20 graus durante o ano todo, na altitude andina de 2.700 metros. Fundada em 1538, a cidade segue sendo o coração político e cultural da Colômbia. Passados os anos difíceis de violência e repressão, Bogotá transformou-se em uma das cidades mais seguras e sustentáveis da América do Sul, para deleite de turistas e de seus 12 milhões de residentes, um quinto da população do país.

Além do bairro histórico de La Candelaria, com suas ruas antigas de paralelepípedos, restaurantes típicos e museus (um deles dedicado ao pintor Francisco Botero) e da vista panorâmica da montanha Monserrate, fiquei impressionado com o simpático vilarejo de Zipaquirá e sua mina de sal desativada, próxima a Bogotá. As vastas entranhas abrigam fantásticas galerias, a via-crúcis com estátuas salinas e a impressionante Catedral de Sal.

A Colômbia é o segundo país com maior diversidade de fauna e flora do mundo, depois do Brasil, e tal característica estende-se também para outras áreas. Da fria Bogotá às cidades costeiras do Caribe, como Cartagena das Índias, passando pela bela Medelin, a geografia e as mais de 60 línguas faladas pelos 102 grupos indígenas proporcionam uma magnífica experiência, em um país que poucos brasileiros visitam.

A nação que sofreu inúmeras intervenções estrangeiras parece consolidar uma identidade que absorveu e adaptou conceitos externos com tradições pré-colombianas. Como profetizou Goethe, as origens e as virtudes da Colômbia não se deixaram distorcer pelo caldeirão cultural a que foi submetida. Uma lição de um país que aprendeu a usar a amálgama cultural como harmonioso complemento.

VENEZUELA

Benesses naturais e dissabores políticos

No Brasil, é possível que jamais se tenha falado tanto sobre um país vizinho. Infelizmente, diante da improdutiva polarização política, o que se ouve e lê contém quase sempre uma pitada de má-fé e, frequentemente, doses cavalares de ignorância sobre a história e as raízes das tradições e dos problemas da Venezuela.

Antigo palco de conflitos indígenas entre aruaques e caribes, o território venezuelano foi a primeira região continental das Américas na qual Colombo colocou os pés, em 1498, em sua quarta expedição. No ano seguinte, Américo Vespúcio chegou à região. O italiano gostava de designar locais – logo eternizaria seu nome no continente inteiro – e ficou impressionado com as aldeias indígenas de palafitas na região do Lago Maracaibo. Como referência ao seu país natal, Américo as comparou com Veneza, chamando a região de Veneziola (pequena Veneza). Na versão espanhola, Venezuela.

Sob a liderança de um nativo da capital venezuelana Caracas, o revolucionário Simón Bolívar, o país foi uma das primeiras colônias espanholas a declarar independência, em 1811, como parte da Grã-Colômbia (atuais Equador,

Colômbia, Venezuela e Panamá). A instabilidade política foi a norma do século pós-independência, com dezenas de golpes, revoltas e desavenças ideológicas. A situação melhorou sob a presidência de Juan Vicente Gómez (1857-1935), menos pelas qualidades do ditador e mais por um achado que mudaria a vida da nação: o petróleo.

A descoberta da maior reserva conhecida do planeta deu-se na bela região de Maracaibo, em 1918. Os hidrocarbonetos se tornariam fonte de vasta riqueza econômica e de frequente turbulência política. Nos anos seguintes, enormes investimentos em infraestrutura pública e diminuição da pobreza fizeram com que o povo tapasse um olho para a repressão política de Gomez. A maior parte dos benefícios, é claro, ficavam para a elite venezuelana e para seus convidados especiais, as corporações norte-americanas que exploravam o ouro negro.

Seguiram-se regimes totalitários e truculentos de extrema-direita, sustentados pelos militares, até 1974, quando o presidente Carlos Andrés Pérez trouxe relativa democratização ao país e nacionalizou a exploração de petróleo. O período que se seguiu, conhecido como "Venezuela Saudita", fez com que o país se tornasse, com folga, a nação mais rica da América Latina.

Outras nações com abundantes petrodólares, como Noruega e países árabes, souberam reduzir a dependência, diversificando a economia e criando reservas para períodos de vacas magras. A Venezuela jamais aprendeu a lição. No início dos anos 1980, quando o preço do petróleo desabou, a economia venezuelana entrou em colapso.

Em andanças pelo país, vi de perto as consequências de décadas de instabilidade econômica e populismo exacerbado de direita e esquerda, círculo vicioso que sempre resulta em rebote acentuado do governo anterior, amplificando continuamente os problemas de sempre.

O libertador das Américas

Simón José Antonio de la Santísima Trinidad Bolívar Palacios Ponte y Blanco, ou Simón Bolívar (1783-1830), é herói nacional de Venezuela, Colômbia, Equador, Peru, Panamá e do país que o homenageou no nome, a Bolívia. O caraquenho, aliás, é a única pessoa presente no nome de duas nações. Desde 1999, seu país natal chama-se oficialmente República Bolivariana da Venezuela.

Bolívar nasceu em uma família abastada e perdeu os pais ainda criança. Foi educado na Espanha, onde entrou em contato com ideias iluministas que o inspiraram no firme propósito de libertar as Américas do jugo espanhol. Com o enfraquecimento dos colonizadores, diante das invasões napoleônicas, aproveitou para retornar à América do Sul e deixar seu legado libertador. Bem além da América Latina, estátuas homenageiam o venezuelano em locais como Londres, Washington, Berlim e Nova York. Somente nos Estados Unidos, 14 cidades levam seu nome.

Em 1822, Simón apaixonou-se pela equatoriana Manuela Saenz, na época casada com o médico inglês James Thorne e parte da luxuosa aristocracia peruana. O ímpeto revolucionário de ambos tornou o sentimento ainda mais arrebatador. Ao unir-se a Bolívar, Manuela escreveu uma carta ao ex-marido: "Deixa-me em paz...a monotonia está reservada para tua nação, que (como tu) ama sem prazer, conversa sem sorrir, caminha sem pressa, senta-se com cautela e não ri das próprias piadas". Considerando a aventura que Manuela e Simón viveriam na América Latina, as pungentes palavras são de certa forma compreensíveis.

No limiar da desesperança

No início dos anos 1980, a economia venezuelana estava em apuros. A situação gerada pela queda do preço do petróleo havia sido agravada pela ganância de governos anteriores que, gastando supostos rendimentos futuros, criaram uma enorme dívida externa. Sem crédito, o governo de Carlos Pérez optou por cavar um buraco ainda maior, buscando recursos do Fundo Monetário Internacional.

As medidas neoliberais do FMI, de excessiva austeridade e de aumento de impostos para a população mais pobre, geraram enorme revolta popular, culminando no chamado "Caracaço", em fevereiro de 1989, no qual a repressão policial do governo causou a morte de mais de 300 manifestantes. Foi em tal ambiente que emergiu Hugo Rafael Chávez Frias (1954-2013). No tradicional estilo latino-americano, Hugo Chávez comandou duas tentativas de golpe militar em 1992. Mesmo derrotado e preso, "El Comandante" conseguiu cativar o povo venezuelano, ascendendo rapidamente no cenário político e enfraquecendo o governo de Pérez, que cairia com um *impeachment* em 1994.

Perdoado pelo novo mandatário, Rafael Caldera, Chávez concorreu nas eleições presidenciais de 1998, vencendo com 56% dos votos. O novo governo trouxe alívio econômico à nação, reduzindo a inflação, cortando a pobreza pela metade e trazendo crescimento econômico, com a ajuda, é claro, da alta dos preços do petróleo no início do milênio.

Certas medidas, contudo, incomodaram as elites. Uma nova constituição rejeitou o nefasto mecanismo de coalizão do sistema anterior – o chamado "Pacto de Puntofijo" – e reforçou o poder do presidente sobre os demais poderes. A partir de 2002, milhares de descontentes deixaram o país. Eu trabalhava na indústria do petróleo no Texas naquele período e testemunhei o influxo de profissionais oriundos da Petróleos de Venezuela S.A. (PDVSA). Ao contrário de empresas como a Petrobrás, que sempre primaram por uma equipe técnica altamente qualificada, o critério para substituir os que partiam da estatal venezuelana foi meramente a fidelidade política, contribuindo para a degradação da gestão, dos equipamentos e da produção petrolífera local.

Uma tentativa frustrada de derrubar Chávez, apoiada pelos Estados Unidos, trouxe um apoio ainda maior da população, transformando o governante em herói ou, nas palavras dele, em discípulo de Simón Bolívar. É preciso ressaltar que, ao contrário do que muitos bradam, Chávez não aboliu a propriedade particular, não aumentou impostos, não proibiu práticas religiosas e não estatizou empresas privadas – A PDVSA já havia sido estatizada em 1974.

O estilo demasiadamente populista de Chávez, um falastrão incorrigível contaminado por teorias conspiratórias em torno do imperialismo americano, não o favoreceu no cenário internacional. Antes de morrer de câncer, em 2013, cometeu possivelmente seu erro mais fatal, ao apontar o sucessor, Nicolás Maduro, com base unicamente na lealdade incondicional. Com isso, acabou legitimando um totalitarismo em formação e empurrando o país para o pior momento de sua história.

Sem o carisma de Chávez, sem os altos preços do petróleo e apelando para a impressão de dinheiro como recurso, Maduro levou a Venezuela a uma situação ainda pior que na época do Caracaço, com 82% da população abaixo da linha de pobreza, a maior inflação do planeta (em determinado momento de 2018, a moeda local, ironicamente chamada de bolívar fuerte, perdia 90% de seu valor a cada 10 minutos), escassez alimentar e alta criminalidade. Na eleição seguinte,

Maduro manteve-se no poder, declarando uma vitória evidentemente fraudada.

A Venezuela é um belo país que pode se recuperar gradativamente, de preferência com súbita renovação política. Saliento, porém, que visões simplistas que colocam os problemas venezuelanos somente na conta do socialismo ou do imperialismo americano revelam-se insensatas. Ao usar a Venezuela como exemplo ou referência, convém ler um pouco sobre o contexto da nação, de sua sofrida população e das elites locais que sempre se beneficiaram da penúria de seus compatriotas. Somente de 2014 até 2024, oito milhões de venezuelanos já perderam a esperança e deixaram o país.

Desde o século 19, uma combinação de fatores como frequentes golpes de estado, totalitarismo militar, corrupção estatal e privada, e, acima de tudo, profunda incompetência administrativa, parece ser a explicação mais plausível para a atual tragédia venezuelana.

PANAMÁ

Ponte entre continentes, oceanos e interesses

Desde que Colombo pisou na atual Portobelo, em 1502, o destino do Panamá sempre esteve ligado aos interesses comerciais de nações estrangeiras, na encruzilhada dos dois maiores oceanos do planeta e das grandes porções continentais das Américas. A primeira colônia foi estabelecida por Vasco Nuñez de Balboa, conquistador espanhol que "descobriu" a saída para o Oceano Pacífico a partir do Novo Mundo. O istmo tornou-se o porto de saída das riquezas incas a caminho da Península Ibérica.

Antes de pensar no canal artificial que liga o Atlântico ao Pacífico, convém conhecer o verdadeiro Panamá. Ao percorrer o país, passei por florestas fechadas nas terras altas, praias caribenhas cercadas por recifes de coral e uma capital cosmopolita que combina modernos arranha-céus com um interessante centro histórico (Casco Viejo). Os 2,5 milhões de habitantes do país refletem um panorama cultural que varia de povos originários (tribos Guaimís, Kunas e Chocós) aos recentes imigrantes, alguns em busca do paraíso fiscal, outros atraídos pela vibrante biodiversidade.

Na carona da Grã-Colômbia, a independência da Espanha veio em 1821. Ao contrário dos demais países do conglomerado de Simón Bolívar, o Panamá foi controlado pela Colômbia durante quase um século. Em 1855, a construção de uma ferrovia transcontinental, de propriedade norte-americana, abriu o apetite intervencionista dos Estados Unidos e, com ele, a ideia de construir um canal que evitasse os mais de 15 mil quilômetros de contorno pelo aterrorizante Estreito de Magalhães.

A primeira tentativa de construir a ligação transoceânica foi da França, em 1848. Vencidos pela falta de planejamento e pela malária, os franceses fracassaram miseravelmente. Ressentidos pela resistência da Colômbia em concordar com a empreitada americana, os panamenhos apoiaram uma junta militar (afinal de contas, trata-se da América Latina) que declarou a independência, em 1903. Duas semanas depois, a zona do canal foi concedida aos Estados Unidos, que levou dez anos para construir a passagem marítima. Além da importância econômica para o Panamá e para o comércio mundial, o canal de 82 quilômetros é considerado uma das maiores obras de engenharia de todos os tempos, por onde passam cerca de 18 mil navios anualmente.

A concessão da hidrovia incluía ainda o direito de intervenção governamental, exercido pelos Estados Unidos por 13 vezes ao longo de décadas. O descontentamento com as invasões americanas cresceu e culminou na revolta liderada pelo General Omar Torrijos Herrera. O ditador promoveu a construção de moradias populares, o aumento de salários e a melhoria da infraestrutura, além de criar as regras do segredo bancário, fazendo do Panamá um éden para a lavagem de dinheiro.

Pouco antes de se tornar vítima de um misterioso acidente aéreo em 1981, Torrijos assinou um acordo com o presidente Jimmy Carter que acertou a passagem do controle do canal para o Panamá em 31 de dezembro de 1999. A morte de Torrijos abriu uma nova crise política que levou à presidência um ex-espião dos americanos, o General Manuel Noriega. Mais uma vez na história, interesses de curto prazo levavam Washington a criar e nutrir seus futuros inimigos.

Em eleições sempre fraudadas, Noriega e seus aliados permaneciam no poder. Não satisfeito com os recursos do canal, o general passou a administrar o comércio de cocaína que passava pelo país, gerando dissabores com Ronald Reagan em sua Guerra às Drogas. Em 1988, Noriega foi indiciado nos Estados Unidos por tráfico de entorpecentes e, em 1991, George Bush (pai) ordenou a invasão do Panamá, com 24 mil militares americanos (Operação Justa Causa), para capturá-lo. O tirano foi despachado para a Flórida e condenado a quatro décadas de prisão. Após 17 anos de bom comportamento, foi extraditado para a França, que então o enviou ao país natal. Previamente julgado *in absentia* a 60 anos de reclusão, Noriega foi preso assim que desembarcou no Panamá e faleceu, em 2017, devido a um tumor cerebral.

Passada a supressão de lideranças progressistas que as ditaduras militares sempre causam, a redemocratização trouxe novo fôlego ao país. O canal foi modernizado e expandido, e o Panamá avança na economia e na maturidade democrática. Em maio de 1999, Mireya Moscoso tornou-se a primeira mulher eleita presidente. Foi uma doce vitória, já que o adversário era Martin Torrijos, filho do general que havia deposto o marido de Mireya, Arnulfo Arias, no golpe militar de 1968.

REPÚBLICA DOMINICANA

O início do Novo Mundo

Cristóvão Colombo desconhecia a real dimensão daqueles desembarques e, aliás, ignorava onde se encontrava, supondo estar próximo à costa da Índia. O genovês não era o primeiro europeu a ancorar nas Américas – o viking Leif Erikson circulava pelo norte do Canadá cinco séculos antes. Por se tratar de ilhas do Caribe, a viagem de 1492 também não foi a chegada oficial ao Novo Mundo continental, onde Colombo só pisaria em 1498, no litoral que hoje pertence à Venezuela. O mais relevante, porém, é que a nau Santa Maria e as caravelas Niña (Santa Clara) e Pinta abriram as portas para a implacável avalanche cultural e econômica que hoje chamamos de América.

Para a realeza espanhola e para os banqueiros italianos, financiadores da aventura marítima, foi uma oportunidade única de vertiginoso enriquecimento, mascarada sempre pela bandeira da evangelização de povos ditos bárbaros. Para os cerca de 60 milhões de nativos que viviam nas terras "descobertas", iniciava-se a terrível e violenta dominação de um continente repleto de extraordinárias civilizações, em muitos aspectos, bem mais avançadas que a dos invasores.

A primeira colônia do Novo Mundo foi a maior ilha encontrada naquela primeira viagem, chamada de Isla Española. Em 1697, o território foi dividido entre França e Espanha, o que explica a atual divisão entre o francófono Haiti no terço ocidental da ilha e a República Dominicana. Os dominicanos, por sinal, comemoram duas independências. Em 1821, o governador espanhol foi deposto e criou-se o estado independente do Haiti Espanhol. No ano seguinte, o Haiti Francês invadiu o país vizinho. A independência definitiva só viria depois de uma sangrenta guerra entre os dois povos, em 1844.

A nação é atualmente mais visitada em busca de seu paradisíaco litoral, em especial as praias excessivamente comerciais de Punta Cana, Puerto Plata e outras pequenas "Miamis". Contudo, para uma experiência cultural e histórica mais autêntica, caminhar pela Zona Colonial da capital dominicana é o melhor começo.

Com 2,5 milhões de habitantes (um quarto da população do país), Santo Domingo foi fundada em 1496 por Bartolomeu Colombo, irmão do descobridor. Na cidade estão a primeira catedral, o primeiro hospital, o primeiro convento e a primeira universidade das Américas. Próximo dali, vale a visita ao interessante museu Alcázar de Colón, construção de 1511 em estilo gótico-renascentista. Foi a residência de Diogo Colombo, filho de Cristóvão, e da esposa Maria de Toledo, sobrinha do rei Fernando da Espanha.

O litoral da República Dominicana oferece cenários lindíssimos e água cristalina, com um povo sorridente e hospitaleiro. Todavia, a importância histórica da capital dominicana faz de Santo Domingo parte obrigatória de qualquer itinerário cultural pelo país caribenho.

Dividido entre dois continentes

Cristóvão Colombo seguiu atravessando o Atlântico mesmo depois de sua morte, em 1506. Embora o desejo de ser sepultado na América estivesse registrado em testamento, o genovês acabou enterrado em Valladolid, Espanha. Ao falecer o primogênito Diogo, em 1537, a nora de Cristóvão decidiu enviar os corpos de pai e filho para serem sepultados na catedral de Santo Domingo.

Quando a Espanha cedeu a ilha à França, em 1795, o corpo de Colombo foi levado para Cuba e de lá retornou à Espanha, colocado na catedral de Sevilha em um significativo monumento no qual quatro monarcas espanhóis carregam seu esquife. Ocorre que, em 1877, uma urna de chumbo com o nome do navegador foi encontrada sob a catedral de Santo Domingo, o que indicaria que o corpo errado teria sido retirado no século 18. Em 1992, a urna e o belo Mausoléu de Colombo foram transferidos da catedral para um colossal monumento em forma de cruz, com 210 metros de comprimento, nos arredores de Santo Domingo. O gigante Farol para Colombo (Faro a Colón), foi construído pela empreiteira brasileira Odebrecht.

Não sabemos ao certo onde descansa o descobridor das Américas. Não sabemos nem mesmo como se parecia, já que não há retratos autênticos de Colombo. O certo é que, para um homem que conectou dois continentes de forma tão impactante, faz todo sentido imaginar que seus restos mortais estejam divididos entre o Velho e o Novo Mundo.

COSTA RICA

Democracia e desenvolvimento em uma nação desmilitarizada

Em 1502, Cristóvão Colombo aportou na costa leste da América Central e diante das florestas, de vulcões ativos e da vibrante e colorida fauna, chamou aquela região de "costa rica". Hoje, o pequeno país recebe quase tantos turistas quanto o Brasil; visitantes que, em sua grande maioria, seguem diretamente para o isolamento das matas, preservadas com orgulho e dedicação como um tesouro nacional. Além das belezas naturais, o país oferece a riqueza de sua cultura. Os costarriquenhos prezam pelo desenvolvimento, sem abrir mão da preservação ambiental e são, acima de tudo, um povo orgulhoso de sua sólida democracia com eficientes instituições. Durante o período colonial, a ausência de riquezas minerais e a distância fizeram com que a maior parte dos colonizadores deixasse essa remota região sossegada, permitindo assim uma evolução relativamente pacífica da economia e da cultura política da nação de 5 milhões de habitantes.

A variedade de paisagens em uma área compacta cativa os visitantes. Entre os principais pontos de interesse estão os parques nacionais, que correspondem a 25% da área da nação que, embora tenha somente 0,03% do território do planeta, é lar para 6% da biodiversidade global. Nenhum outro país do mundo protege tamanha porção de seu território. Além das reservas florestais e biológicas, as cordilheiras com mais de 60 vulcões – oito deles ativos –, e belas praias como as do Parque Nacional Manuel Antonio e as de Tamarindo, na costa do Pacífico, são atrações imperdíveis para turistas e amantes da natureza.

Uma das características que mais me chamou a atenção foi o fato de o país ter abolido suas forças armadas em 1949, usufruindo desde então de estabilidade política, segurança e desenvolvimento econômico. O vizinho Panamá tomou a mesma decisão em 1990. Para a Costa Rica, abdicar dos militares foi uma atitude corajosa, mais ainda diante da infeliz tradição latino-americana de usar exércitos menos para proteger a população e mais para oprimi-la e subjugá-la. A economia que a decisão trouxe fez com que a Costa Rica passasse a investir quase um quarto de seu orçamento em educação. Como referência, no Brasil gasta-se menos de 6% com educação, número que, lamentavelmente, vem diminuindo nos últimos anos. Enquanto isso, o custo militar brasileiro praticamente dobrou nos últimos dez anos, e hoje passa de 116 bilhões de reais (dados de 2022), com cerca de 80% do montante destinado à área administrativa e ao pagamento de pessoal, incluindo aposentadorias e pensões.

A Amazônia, região com enorme potencial para o ecoturismo, e que, com nossas frágeis fronteiras, veria o maior benefício de uma presença militar, abriga somente 17 mil militares. A vasta maioria dos mais de 320 mil soldados brasileiros está concentrada em centros urbanos e em locais onde não podem oferecer uma contribuição do mesmo calibre.

Evidentemente, esse é um assunto polêmico e delicado, com corporativismo e paixão envolvidos, mas talvez seja uma boa hora para debater e reavaliar o papel da instituição, com seriedade e pragmatismo. Uma potencial reorganização seria, inclusive, uma forma de respeitar os valorosos integrantes das forças armadas, servidores públicos que certamente gostariam de maximizar seus préstimos para a nação. Penso, contudo, que não deveria fazer parte dessa contribuição qualquer interferência de militares, que são do Estado, na política e no governo civil, coisa que jamais deu certo em país algum e algo que sequer se cogita em países desenvolvidos e democráticos. Nossa sequência de golpes militares e governos ditatoriais, já desde a própria Proclamação da República, além de escândalos e desmandos mais recentes, deveriam ser motivação suficiente para repensar e modernizar o papel das forças armadas no Brasil e na maioria dos países da América Latina.

Em 1987, o ex-presidente da Costa Rica, Óscar Arias Sánchez, foi laureado com o Prêmio Nobel da Paz por sua liderança na solução de conflitos e instabilidade nos países vizinhos do istmo centro-americano, sem uso de truculência ou bravatas golpistas. Comparar os grandes países das Américas com a Costa Rica pode ser desproporcional, mas deveria pelo menos servir de inspiração, como uma nação que soube priorizar a educação como base da democracia, colocando o cidadão e o meio ambiente no centro do desenvolvimento social e econômico. A conduta do pequeno país parece materializar a essência da expressão repetida incessantemente pelos costarriquenhos: "*¡Pura Vida!*".

GUATEMALA

O coração do Mundo Maia

No continente que hoje chamamos de América, os povos pré-colombianos tinham dois valores fundamentais: a vida e, amarrada a ela, a liberdade. Sem liberdade, viver não fazia sentido. Por isso, tentativas por parte dos conquistadores europeus de escravizar os povos originais terminavam quase sempre frustradas. Pelo mesmo motivo, os incríveis templos, palácios e monumentos das civilizações mesoamericanas foram construídos por homens e mulheres livres. O amor pela liberdade, aliás, fica evidente nas conversas com os simpáticos guatemaltecos.

Em um país repleto de contrastes geográficos e sociais, a Guatemala tem a paisagem mais diversificada da América Central. Entre o Pacífico e o Atlântico, coexistem montanhas proeminentes, vulcões ativos, floresta tropical e costa paradisíaca, em uma nação de 18 milhões de habitantes. O país tem ainda a maior herança maia das Américas, com 46% da população descendente da civilização ameríndia. Sete em cada oito descendentes maias vivem na Guatemala. Surpreendi-me ao observar que, fora das áreas turísticas, a língua espanhola não é a mais falada e cada um dos 23 grupos maias tem seu próprio idioma.

Originalmente parte do México, a Guatemala tornou-se independente da Espanha em 1821. Meio século depois, uma revolução deu início a um longo período de modernização e avanços econômicos ligados principalmente ao grupo estadunidense United Fruit Company. Em 1952, o governo implementou uma reforma agrária que desapropriou as terras da companhia americana e as redistribuiu aos sem-terra, reconciliando o governo com as populações de origem maia.

O movimento, é claro, não agradou aos norte-americanos e, em 1954, militares treinados nos Estados Unidos invadiram a capital Cidade da Guatemala, forçando a renúncia do presidente Jacobo Ardenz e liquidando as promissoras reformas. A ditadura estabelecida favoreceu, é claro, as corporações americanas. O período, que durou 35 anos, ficou conhecido como “La Violencia” e mergulhou a Guatemala em um massacre genocida pelo exército local. A guerra civil matou mais de 200 mil descendentes de maias e tirou mais de um milhão de pessoas de suas terras, além de deixar milhares de desaparecidos. A resistência popular e o apoio internacional trouxeram a paz no início dos anos 1990. Em 1999, o presidente Bill Clinton reconheceu a influência dos Estados Unidos no processo e pediu desculpas oficiais à Guatemala. Neste século, a democracia fez retornar o progresso e o desenvolvimento, embora ainda exista muito por fazer.

Experimentar e conhecer mais sobre a herança maia eram meus objetivos no território guatemalteco. O destino principal foi o Parque Nacional de Tikal, que atrai visitantes do mundo todo, próximo à fronteira com o Belize. A reação suscitada pelas míticas ruínas maias explica a quantidade de viajantes que retornam inúmeras vezes a Tikal. O parque de 550 quilômetros quadrados contém mais de 3 mil construções, muitas delas milenares. Na área central, a principal atração é a Praça Maior, com as acrópoles em torno dos enormes templos que emergem da densa floresta tropical. O cenário é dividido com iguanas, tucanos, macacos, onças e o ardiloso quetzal, pássaro de reluzentes penas verdes que era chamado pelos maias de "deus dos ares". Quetzal é também o nome da moeda local.

Os maias estabeleceram-se em Tikal em torno de 700 a.C., com as ruínas mais antigas datadas de 500 a.C. No século 3, o local já era um núcleo populacional significativo, com mais de 100 mil pessoas. Ao contrário de incas e aztecas, os povos maias não se integravam politicamente, vivendo em comunidades ou estados. Mais tarde, alianças com os poderosos Teotihuacan, da região central do México, geraram o Renascimento Maia (séculos 7 e 8), período em que os grandes templos foram construídos.

Em torno de 900 d.C., a civilização que habitava as terras baixas de Petén entrou em colapso misteriosamente, e Tikal foi praticamente abandonada. No ano 1000, a natureza já havia coberto as construções maias. Somente em 1848 expedições financiadas pelo governo guatemalteco passaram a escavar o local, revelando ao mundo contemporâneo os fragmentos de uma esplêndida civilização.

Admirável civilização (quase) perdida

O que restou das enigmáticas civilizações pré-colombianas é prova de que a história do continente americano tem milênios antes de os europeus aportarem na América, e estou convencido de que a melhor parte dela aconteceu bem antes da chegada do navegador genovês.

O núcleo de Tikal, centro geográfico e econômico da região que chegou a ter 500 mil habitantes, requer pelo menos um dia inteiro para ser visitado. Cada posição solar revela novas cores e surpreendentes segredos. Alberto, um simpático e erudito guia com sangue maia, soube conectar perfeitamente a mágica do ambiente com a descrição dos costumes de seus antepassados.

Na Praça Maior e cercanias, o alinhamento, o significado e o propósito dos templos, dos palácios e das pirâmides ainda não foram completamente decifrados, mas já revelam um profundo conhecimento astronômico e científico, além do fascinante aspecto ritualístico da civilização. A meticulosa observação de astros e estações do ano era muito superior à dos europeus do mesmo período e o calendário maia continha o ano solar com precisão que a Europa só atingiria no século 17. A matemática já usava o zero e a tradição escrita era altamente sofisticada. Infelizmente, muito do que poderia auxiliar os estudiosos da cultura maia foi considerado literatura pagã pelos colonizadores espanhóis e, consequentemente, acabou sendo destruído. Obviamente, nem tudo era perfeito. Os rituais de tortura de inimigos e os sacrifícios humanos aos deuses, em geral, de prisioneiros de guerra, era prática comum entre os maias.

Em 2012, indicações do calendário maia foram confundidas com o fim do mundo. Adeptos do conceito cíclico do tempo, os maias descreviam, na realidade, o final de um período. Em vez do Armagedom, eles teriam apontado para uma mudança planetária ou uma nova era. Alguns especulam que conexões globais, inteligência artificial e a polarização política mundial poderiam ser sinais de um ponto de inflexão. Tal mudança será para melhor? Tornar-nos-emos mais sábios e solidários? São perguntas que só a espiral evolutiva do tempo, de forma paciente e precisa, poderá responder.

Belize – belezas naturais e estabilidade política

Em 1837, a Guatemala sofreu uma terrível epidemia de cólera. Uma das consequências foi a deposição do regime liberal de Rafael Carrera, que governava o país desde 1821. Em troca da construção de uma estrada ligando a costa do Caribe à capital, Cidade da Guatemala, Carrera cedeu o controle do território do Belize à Grã-Bretanha. A estrada jamais foi construída, mas o império britânico incorporou o país, inicialmente como colônia e, após a independência de 1981, como parte da Comunidade Britânica de Nações, da qual ainda faz parte. A língua oficial da nação é o inglês e o monarca britânico, cuja efígie figura nas moedas e notas do dólar belizense, é o chefe de estado.

Entre os aspectos que me marcaram no país estão o contato com a amistosa e multiétnica população (de origem maia, espanhola, africana e com um contingente significativo de fazendeiros menonitas germânicos), a saborosa culinária local e as impressionantes ruínas maias na fronteira com a Guatemala. Passei o tempo mínimo necessário na Cidade de Belize, a maior do país, e parti rumo ao Distrito de Cayo, passando pela capital Belmopan, no centro do país.

Com base na cidade fronteiriça de San Ignacio, paraíso de exploradores da rica natureza da região, atravessei de balsa o belo rio Macal para atingir meu objetivo em território belizense: a cidade maia de Xunantunich (senhora das rochas). Ainda que menos impressionantes do que as ruínas do lado guatemalteco, o isolamento e os poucos visitantes transformam a visita em uma interessante aventura por antigas construções de até 1.300 anos. O principal templo, O Castelo, pode ser escalado, porém a falta de cercas de proteção e o alto risco de queda preocuparam-me um pouco. A vista do topo compensa o esforço, revelando a espessa floresta tropical e as várias cidades dos dois lados da fronteira Belize-Guatemala.

GUADALAJARA, MÉXICO

Tradição e desenvolvimento na Pérola do Ocidente

Desde o momento em que entrei no centro histórico de Guadalajara, um dos mais ricos que conheci na América Latina, encantei-me com a cidade. A capital do estado de Jalisco mantém um ambiente provinciano e agradável, apesar de ser a terceira maior metrópole mexicana, com mais de cinco milhões de habitantes. A 1.500 metros de altitude, o clima é ameno durante todo o ano. A extensa arborização urbana e as fontes de suas amplas praças contribuem para o conforto térmico e para a beleza de ruas e avenidas.

Antes da colonização espanhola, a região era habitada por grupos indígenas ligados ao Império Azteca. A cidade foi fundada em 1542, no início do Vice-Reinado da Espanha, quando o Papa e o monarca espanhol decidiram construir uma capital para a província conhecida na época como Nova Galícia. A construção da catedral iniciou-se em 1561, com a atual basílica consagrada em 1716.

Muitos artistas deslocados para Guadalajara decidiram se estabelecer na cidade e edificaram dezenas de construções históricas. Um deles foi o arquiteto Adamo Boari, que projetou e executou o magnífico Templo Expiatório do Santíssimo

Sacramento. O italiano seguiu no país e construiu ainda o Palácio de Belas Artes, na Cidade do México, outro fantástico exemplo da arquitetura neogótica italiana no Novo Mundo.

A maioria dos pontos de interesse estão em torno da Praça Tapatia, no coração da cidade. O Teatro Degolado, a Catedral Metropolitana e o Palácio do Governo merecem uma visita detalhada. Outro local imperdível é o Mercado Libertad, que proporciona um contato direto com as tradições culturais e gastronômicas da região.

Se Diego Rivera tornou-se o mais famoso pintor mexicano, possivelmente por seu tumultuado relacionamento com Frida Kahlo, o mais visceral dos artistas foi sem dúvida José Clemente Orozco (1883-1949). Guadalajara contém suas maiores obras-primas. Os murais do Hospício Cabañas, um orfanato hoje convertido em museu, estão entre os mais fantásticos do mundo.

A cidade tem excelentes universidades e estimulou o progresso tecnológico, sendo Guadalajara conhecida como Vale do Silício mexicano. Prova de que cultura e desenvolvimento devem andar juntos, a Feira Internacional do Livro de Guadalajara é a maior do planeta em número de visitantes e só fica atrás da Feira de Frankfurt em representação editorial.

A importância dedicada às atividades culturais gerou frutos bem além do turismo. Entre os nativos da cidade, destacam-se o diretor de cinema Guillermo del Toro (vencedor de oito Oscars), os escritores Francisco Rojas González, Juan Rulfo e Juan José Arreola, o ator Gael Garcia Bernal e tantos outros expoentes no âmbito mexicano e mundial.

O estado é ainda a origem do estilo musical folclórico mais conhecido do México: os Mariachis, que podem ser ouvidos pelas ruas da cidade. Vale lembrar que a bebida mais tradicional do país, a tequila, nasceu na região e tem Guadalajara como sua sede regulatória. O nome vem da cidade de Tequila, próxima a Guadalajara.

Um local significativo para os brasileiros que apreciam o futebol é o Estádio Jalisco, o segundo maior do México. Foi ali que, em 1970, Pelé, Jairzinho, Tostão, Rivellino, Gérson, Clodoaldo, o gaúcho Everaldo, Piazza e Carlos Alberto Torres representaram uma das melhores equipes de todos os tempos. Eu não era nascido em 1970, mas foi impossível não me emocionar ao entrar no palco de cinco das seis partidas disputadas pelo Brasil na primeira Copa do Mundo do México.

Além dos gols que fez, Pelé ficou marcado por jogadas magistrais que não terminaram em gol. Entre elas, uma inesquecível meia-lua com um jogo de corpo sobre o arqueiro uruguaio, sem tocar na bola, e um forte golpe de cabeça, naquela que foi considerada a defesa do século pelo goleiro inglês Gordon Banks. Guadalajara será novamente uma das sedes da Copa do Mundo em 2026.

O México tem seus problemas, como o restante da América Latina, mas considero o país subestimado nos quesitos valor histórico e riqueza humana. Antes de correr para lojas de Miami e New York, recomendo uma parada ao sul dos Estados Unidos para visitar locais históricos e belos, em meio a um povo hospitaleiro e simpático. No México, Guadalajara segue no topo de minhas recomendações.

SAN FRANCISCO, ESTADOS UNIDOS

Da ilusão do ouro à ganância da areia

Os primeiros europeus a se aventurarem pela costa norte do Pacífico e se estabelecerem no atual estado americano da Califórnia foram missionários franciscanos, em 1770. Incumbidos de catequizar povos indígenas que ali viviam, os espanhóis formaram missões que se tornariam cidades californianas de grande porte. Os nomes em castelhano permanecem: San Diego, Los Angeles, Santa Bárbara, Monterrey, Santa Cruz e, é claro, a Baía de San Francisco, em homenagem ao santo italiano.

A descoberta do vasto e deslumbrante porto natural deve ter maravilhado os espanhóis, que dominaram a região por quase meio século. Em 1810, tiveram início as guerras que culminaram na Independência do México, tornando a Califórnia território mexicano e afastando franciscanos e indígenas da costa. No vácuo dos nativos, migrantes do recém-fundado Estados Unidos da América chegaram à região.

No verão de 1846, a chamada Revolta da Bandeira do Urso criou a República da Califórnia. A nação independente durou pouco. Em 1848, os Estados Unidos declararam guerra ao México, e a Califórnia teve de decidir entre lutar com mais um país ou unir-se aos americanos contra os mexicanos. A decisão não foi difícil e, em 1850, a Califórnia tornou-se o 31º estado dos Estados Unidos.

Pouco antes, porém, em 1849, um acontecimento mudaria o destino da região, quando o carpinteiro James Marshall descobriu ouro, próximo a San Francisco. A notícia espalhou-se rapidamente e mais de 300 mil pessoas (os chamados Forty-Niners) aportaram no território, na maior migração em massa da história. A fúria da corrida do ouro foi efêmera, porém atraiu povos de nações distantes, como a China, o que explica o fato de o bairro chinês de San Francisco ser um dos maiores e mais antigos do mundo.

Como o restante da costa da Califórnia, San Francisco está situada sobre a longa Falha Geológica de San Andreas. Em abril de 1906, um terremoto destruiu 28 mil casas e matou mais de 3 mil habitantes. O povo não se abateu e, em poucas décadas, o estado tornou-se o mais povoado e desenvolvido dos Estados Unidos. Se fosse um país independente, a Califórnia seria a quinta economia mundial, maior que a da Índia e com quase o dobro do PIB brasileiro.

Nenhuma cidade americana cativou-me tanto como San Francisco. A beleza natural e o espírito da cidade são fascinantes, e vários dias são necessários para conhecer os principais pontos de interesse. Partindo das folclóricas docas do Cais do Pescador (Fisherman's Wharf), barcos fazem a curta viagem até a Ilha de Alcatraz, no centro da baía. A antiga prisão federal (quase) inescapável abrigou criminosos ilustres, como Machine Gun Kelly, o assassino e ornitólogo Robert Stroud – tema do filme "O Prisioneiro de Alcatraz" – e o contrabandista Alphonse "Al Capone". Após o fechamento da prisão, em outro fato inusitado, "A Rocha" foi invadida e ocupada por 80 indígenas americanos, entre 1969 e 1971, com base em um acordo quebrado pelos americanos no século 19.

De volta à cidade, a visita à magistral ponte Golden Gate é de tirar o fôlego. Inaugurada em 1937, a admirável obra de engenharia tem quase três quilômetros de extensão e torres de 227 metros de altura separando a Baía de San Francisco do Oceano Pacífico. É também o local mais popular do mundo para suicídios (mais de 2.000 até hoje). Atravessando a ponte, o Parque Natural Muir Woods homenageia o grande ambientalista escocês John Muir (1838-1914). As altíssimas sequoias de mais de 800 anos fazem com que nos sintamos na terra dos gigantes.

A cidade é também um dos maiores centros financeiros e tecnológicos do planeta, com a maior concentração mundial de empresas de alta tecnologia, incluindo as sedes das megacorporações Apple, Google, Meta, Intel, Nvidia e outras. A Baía de San Francisco abriga o Vale do Silício, referindo-se ao elemento extraído da areia, matéria-prima dos chips eletrônicos.

Avaliando o atual momento político americano, causa certa perplexidade constatar que, em um estado progressista, CEOs e fundadores de grandes empresas decidiram ignorar o fato de suas tecnologias serem resultado de pesado investimento estatal em pesquisa e assumiram posições ultraconservadoras. Zuckerberg, Musk, Bezos e outros militam hoje, de dentro do governo, pelo estado mínimo, defendendo o fim de benefícios para os pagadores de impostos que os financiaram. Se a corrida do ouro de 1849 foi frustrante para centenas de milhares, a recente fúria empreendedora do silício resultou em ganância crescente por poder e fortuna para um punhado de oligarcas.

BREVE ETERNIDADE

Laços fortuitos de coragem

"O mundo, por pior que seja, está repleto de boas fotografias. Para serem boas, porém, as fotografias devem estar repletas do mundo"

(Dorothea Lange).

Florence Leona Christie (nascida Florence Owens Thompson) veio ao mundo em 1903, no território indígena da nação Cherokee que hoje faz parte de Oklahoma, Estados Unidos. O pai abandonara a família quando ela estava no ventre da mãe, Mary Jane. Ainda adolescente, casou-se com Cleo Owens e, durante a gestação do sexto filho, em 1931, perdeu o marido para a tuberculose. O casal havia apenas se transferido para a Califórnia, na tentativa de dar uma vida digna aos filhos.

A Grande Depressão assolava os Estados Unidos. Casada novamente, Florence trabalhava em restaurantes, hospitais e na agricultura do oeste americano, onde, por alguns trocados, colhia até 230 quilos diários de algodão. Em março de 1936, ela e Jim haviam terminado a colheita de beterrabas para um produtor local e, com os sete filhos, migravam em busca de trabalho quando o surrado carro em que viajavam estragou. A família então se abrigou em um acampamento próximo, junto a milhares de trabalhadores do campo desempregados pelas geadas do inverno californiano.

Enquanto o companheiro procurava solucionar o problema do veículo em uma cidade próxima, Florence montou uma pequena barraca para proteger a prole, apreensiva com a incerteza do momento. Focada na missão de prover aos pequenos, ela fitava os campos repletos de miséria humana quando notou a aproximação de uma mulher que, pela aparência, não fazia parte daquele cenário angustiante.

***

Dorothea Lange nasceu em 1895 no estado de New Jersey. Aos 7 anos, contraiu poliomielite, com sequelas que a fariam mancar por toda a vida. Segundo ela, a doença "formou, guiou, instruiu, ajudou e humilhou". Alguns anos depois, o pai abandonou a família e Dorothea, a mãe e o irmão pequeno foram morar na cidade de New York. Enquanto a mãe trabalhava o dia todo, Dorothea dividia a infância entre a escola matinal e as tardes circulando pelas avenidas de Manhattan. Com olhar atento e sensível, a menina aprendeu a gostar da atividade que se tornaria parte integrante de sua vida: observar discretamente as pessoas e buscar ser um agente de mudanças sociais.

Lange encontrou sua realização na fotografia, estudando com grandes profissionais e desenvolvendo a arte que fez da americana uma pioneira dos documentários fotográficos. Em vez de estúdios e retratos, seu olhar voltava-se para as ruas e para o sofrimento causado pela Grande Depressão. Na década de 1930, mais de 14 milhões de americanos estavam desempregados e, na esperança de encontrar trabalho, o desespero levava à migração em massa para o oeste do país. Lange viajava por aquelas rotas, documentando as dificuldades e a luta de centenas de milhares de vítimas do caos econômico e social daquele período.

Em Nipomo, Califórnia, Dorothea chegou a um campo de refugiados e, caminhando entre as tendas improvisadas, teve seu olhar sequestrado por uma mãe e seus filhos pequenos. As duas trocaram algumas palavras enquanto as crianças famintas agarravam-se à progenitora. Dorothea então tirou sete fotografias. Sem sequer saber o nome daquela mulher de 32 anos, Lange sentiu que o registro seria uma ajuda mútua e duradoura.

***

Dorothea Lange (1895-1965) produziu um acervo admirável de fotografias, que incluíram as agruras dos campos de concentração de japoneses na Califórnia e múltiplas histórias de migração forçada. A imagem de Florence Owens Thompson (1903-1983) que ficou conhecida como "A Mãe Migrante" tornou-se uma das fotografias mais famosas da história, marcando permanentemente vidas que só estiveram fisicamente conectadas por breves minutos. A identidade de Florence só se revelaria à fotógrafa mais de quatro décadas depois. Contudo, o registro fotográfico e a silenciosa interação entre as duas mulheres e seus passados afins eternizaram um momento essencialmente feminino de respeito, solidariedade, fibra e amor materno.

MILWAUKEE, ESTADOS UNIDOS

Herança germânica de maltes e espiritualidade

Localizada na confluência de três rios, na costa do portentoso Lago Michigan, Milwaukee é a maior cidade do estado americano de Wisconsin, com cerca de 600 mil habitantes. Ocupada por povos indígenas por séculos, a região recebeu forte influência de imigrantes alemães a partir do século 19 e é considerada a cidade mais germânica dos Estados Unidos.

Com os alemães, vieram também as cervejas. A cidade teve por décadas a maior capacidade cervejeira do mundo, com as empresas Schlitz, Pabst, Blatz e, a única ainda existente, Miller Brewing Company. Após conhecer a história e circular pela fábrica da Miller, visitantes encerram alegremente a visita, degustando o resultado de diferentes aromas, ervas e fermentações alcoólicas. Entre outras atrações da região, destacam-se os prédios históricos do centro da cidade, a matriz e o museu do fabricante de motocicletas Harley Davidson, além do impressionante Museu de Arte de Milwaukee, um arrojado projeto do arquiteto espanhol Santiago Calatrava às margens do Lago Michigan.

Nos anos em que morei em Chicago, Milwaukee foi destino frequente em passeios de fim de semana, pelos pontos de interesse aqui descritos e, principalmente, por uma motivação religiosa. De 1952 a 1965, a cidade acolheu o fundador do Movimento Apostólico de Schoenstatt, Pe. Josef Kentenich, durante o exílio a que foi submetido pela Santa Sé. Em Milwaukee, ouvi várias histórias e reflexões sobre esse período. Em outra feliz coincidência ou, quem sabe, ironia do destino, o nome Milwaukee, com origem na língua ameríndia algonquina, significa "belo lugar", que é a mesma tradução do alemão para Schoenstatt, local na Alemanha onde nasceu o movimento mariano.

Há dois Santuários em Milwaukee, um deles construído quando Kentenich ainda morava na cidade, junto à sua antiga residência. O outro fica em Waukesha, na mesma região metropolitana, em um bucólico complexo chamado Centro Internacional de Schoenstatt. Na cidade vizinha de Madison, há mais um Santuário, do qual lembrei ao ler sobre a mudança de endereço do Santuário de Schoenstatt em minha cidade natal, Santa Cruz do Sul.

Com formação palotina, Pe. Kentenich participava de retiros e congressos no Seminário Rainha dos Apóstolos, em Madison. A filosofia e a espiritualidade de Schoenstatt, aliadas ao carisma e à amplitude intelectual do fundador, motivaram padres e seminaristas a construir, com as próprias mãos, a primeira réplica da capela original nos Estados Unidos. Conhecido como Santuário do Fundador, foi erigido sobre o terreno dos palotinos, em 1953.

Em 1979, a diocese decidiu vender o seminário, restando a questão do que fazer com o santuário. Seguiram-se intensos debates, pautados pela compreensão dos vários pontos de vista e pela oração. Finalmente, foi deliberada a transferência da capela para um terreno próximo, que havia sido adquirido pelas Irmãs de Schoenstatt para sua Casa de Formação. Em outubro do mesmo ano, o santuário foi colocado literalmente sobre rodas e transportado de um local até o outro.

Menos de uma década depois, Madison tornou-se a sede estadunidense da Campanha do Rosário de Schoenstatt, apostolado fundado por um gaúcho de Vale Vêneto, o Diácono João Pozzobon (1904-1985). Na infância, tive o privilégio de conhecer o Sr. João e gravei mentalmente aquele homem, já com certa idade, carregando uma imagem de 11 quilos nas costas em caminhadas diárias, como fez por 140 mil quilômetros em 40 anos de evangelização. Abençoadas no Santuário de Madison, as Mães Peregrinas partem para levar a Mãe Três Vezes Admirável aos 50 estados americanos.

O Santuário de Schoenstatt é símbolo e fonte de sólida espiritualidade, oferecendo as graças: 1) de um lar; 2) da transformação interior; e 3) do zelo apostólico. A união do movimento em torno de ideais comuns ajuda a virar páginas, na direção de Maria, a quem Deus nada nega. Ouvi de alguém que conviveu com o fundador em Milwaukee: "No Santuário, sentimos a presença do Pe. Kentenich. Onde ele aparecia, a tensão evaporava e todos se uniam". Como dizia o fundador, precisamos dar ouvidos a Deus com a mão no pulso da atualidade. Em Santa Cruz, levemos também ao novo endereço o esforço e o sacrifício empreendidos naquele santuário inaugurado em 1977. Que o novo local seja uma mera continuação, onde seguiremos sendo *cor unum in corde patris* – um só coração no coração do Pai.

Nos anos que antecederam a Segunda Guerra Mundial, a Europa vivia a ebulição científica que daria origem à Era Nuclear. Nos anos 1920, Erwin Schrödinger, Werner Heisenberg, Marie Curie, Niels Bohr e outros cientistas revolucionavam a física teórica. Em Berlim, o químico alemão Otto Hahn (Nobel de Física em 1944) e a física austríaca Lise Meitner (homenageada com o elemento químico Meitnério) desenvolviam pesquisas em radioatividade que levariam, em 1939, à descoberta do átomo como fonte abundante de energia.

A chave para a fissão nuclear veio em 1932, quando o físico inglês James Chadwick identificou o nêutron. Partícula subatômica sem carga elétrica, o nêutron não era defletido pela carga positiva do núcleo atômico, fazendo dele o míssil ideal para penetrar no coração do átomo.

Na Itália, Enrico Fermi, o arquiteto da Era Nuclear, descobriu que, ao bombardear urânio com nêutrons, novos elementos químicos eram criados. Otto Hahn realizou a primeira fissão nuclear, mas estava intrigado com o fato de parte da massa "desaparecer" nos átomos resultantes. Em 1939, Lise Meitner, que já estava autoexilada na Suécia, chegou a uma conclusão extraordinária. A massa faltante na divisão nuclear encontrava explicação na equação de Albert Einstein ($E = m c^2$), denotando que uma quantidade estupenda de energia resultava da fissão nuclear.

Enquanto isso, nos Estados Unidos, que já haviam acolhido o alemão de origem judia Albert Einstein, crescia o temor de que os nazistas estariam desenvolvendo uma bomba atômica. O próprio Einstein enviou uma carta ao presidente Eisenhower alertando para o risco de a Alemanha vencer a corrida nuclear.

Em 1942, o Japão ataca Pearl Harbor e os Estados Unidos entram na guerra. Nasce o Projeto Manhattan, com o objetivo de produzir urânio e plutônio para a construção de uma bomba nuclear. No estado americano do Tennessee, uma área estratégica de 23 mil hectares foi adquirida pelo governo americano e mais de mil famílias foram desalojadas de Oak Ridge em menos de 90 dias.

O italiano Fermi (Nobel de Física em 1938) já havia sido contratado pelos americanos e liderou a equipe que demonstrou a primeira reação nuclear em cadeia sustentada e controlada. Com ele, estava outro cientista importado, o húngaro Eugene Wigner (Nobel de Física em 1963), que seria um dos futuros diretores do Laboratório Nacional de Oak Ridge.

Em Oak Ridge, Fermi gerenciou a construção e a operação do reator nuclear de Grafite X-10, o primeiro a produzir e separar plutônio e urânio em escala. Em 6 de agosto de 1945, os Estados Unidos lançaram sobre Hiroshima uma bomba nuclear com o urânio produzido em Oak Ridge e, três dias depois, uma bomba de plutônio sobre Nagasaki. Em 14 de agosto, o imperador Hiroito assinou a rendição do Japão. Terminava a guerra que matou 60 milhões de pessoas, na maioria civis.

Oak Ridge recebeu o título de Laboratório Nacional e, após a guerra, converteu seus esforços para o uso pacífico da energia nuclear, na geração de energia elétrica e em aplicações médicas. Hoje, mais de 6 mil cientistas, engenheiros e responsáveis pela infraestrutura de seus 250 prédios, além de cerca de 3 mil cientistas convidados, estão espalhados pelos 4 mil hectares da instituição.

Visitá-lo não é tarefa trivial. Para acessar o complexo, protegido por força policial tática, tive de passar dias antes por cheque de antecedentes e preencher longos formulários. No dia da visita, agentes fortemente armados checaram minhas credenciais e permaneci acompanhado o tempo todo pelo meu guia, alguém que para mim era deveras – e literalmente – familiar.

O trabalho científico de ponta ali realizado envolve estudos avançados de materiais, pesquisa em biologia, física, química e computação de alta performance. As realizações práticas e o número de patentes (mais de mil só nos últimos dez anos) justificam o aporte de recursos públicos. Entre as recentes inovações e descobertas, está o penúltimo elemento da tabela periódica, o Tennesso (número atômico 117). O nome do halogênio homenageia o estado americano que sedia o complexo.

Oak Ridge abriga ainda um mundialmente famoso centro de computação, que inclui o computador mais veloz do mundo, o HP Frontier, assim como seu antecessor, o IBM Summit. Para quem interessar, o Frontier tem velocidade de processamento de 1,7 exaFLOPS, o equivalente a 1,7 quintilhões (17 seguido por 17 zeros) de cálculos por segundo.

Um gaúcho na respeitada instituição

Há mais de um século, a busca dos Estados Unidos por especialistas e cérebros privilegiados é incessante, independentemente de onde estejam. No Laboratório Nacional de Oak Ridge, mais de 60 nacionalidades trabalham em conjunto nos megaprojetos científicos.

Entre os destacados cientistas, um saiu dos bancos do Colégio Marista São Luís, em Santa Cruz do Sul, passando pela Engenharia da Universidade Federal do Rio Grande do Sul, em Porto Alegre. André Parizzi é chefe de equipe em um dos mais importantes departamentos do Laboratório, o SNS (Spallation Neutron Source), a maior fonte de nêutrons baseada em um acelerador de partículas do planeta. Antes de Oak Ridge, onde ingressou em 2003, André trabalhou por três anos em outra instituição científica, o Laboratório Nacional Argonne, na região de Chicago.

O orçamento do Laboratório Nacional de Oak Ridge é de 2,5 bilhões de dólares anuais (14 bilhões de reais), destinado principalmente à pesquisa científica de base e ao desenvolvimento, à construção e à operação de instalações de grande porte com acesso aberto à comunidade científica. É o maior dos 10 laboratórios nacionais de ciências do Departamento de Energia Americano. O pesado investimento estatal ajuda a explicar o avanço tecnológico e econômico dos Estados Unidos. É uma lição que ainda não foi aprendida por muitos países.

LOUISIANA

Uma ilha cultural nos Estados Unidos

Em agosto de 2005, poucas semanas após me transferir para a costa do Texas, um desastre natural assombrava o Golfo do México. Katrina, o quinto ciclone tropical daquela temporada de furacões (junho a novembro), atravessara o sul da Flórida sem grandes consequências. Ao entrar no golfo, porém, as águas mornas o transformaram em um furacão de categoria cinco, a mais violenta da escala Saffir-Simpson, com ventos de mais de 250 km/h.

Na madrugada de 30 de agosto, com a energia elétrica cortada por precaução e o ouvido colado a um rádio de pilhas, eu aguardava o furacão tocar a costa entre os estados de Louisiana e Texas. Sob o ruído ensurdecedor do vento e da chuva, alojei-me embaixo da escada da casa, com as janelas cobertas por tábuas. Dias antes, meus vizinhos já haviam evacuado suas residências. Na manhã seguinte, caminhando pelo bairro, testemunhei o estrago em casas e ruas. O impacto mais devastador, contudo, dera-se ao leste dali, no estado da Louisiana e na cidade de Nova Orleães (New Orleans).

Em 1682, o gaulês René-Robert Cavalier batizou o território de "Louisiane", homenageando o rei francês Louis XIV. A região, que então se estendia até a fronteira com o Canadá, foi ocupada por franceses, espanhóis e ingleses até que, em 1803, o presidente Thomas Jefferson arrematou-a da França de Napoleão Bonaparte por 11 milhões de dólares, dobrando a área dos Estados Unidos. O estado da Louisiana passou a receber diferentes povos, predominantemente de cultura francesa, para povoar suas terras alagadas e pantanosas.

A Louisiana é única, pela história multinacional, pela cultura de origem francesa e por adotar o sistema jurídico napoleônico, diferente dos demais 49 estados americanos, que adotam o sistema *common law* inglês. Por isso, ali só podem atuar advogados formados no próprio estado.

Tal caldeirão cultural tem seu ápice na maior cidade do estado. Fundada pelos franceses em 1718, "La Nouvelle-Orléans" resultou de séculos de fusão cultural, bem representada no famoso Bairro Francês (Vieux Carré) por pátios espanhóis, varandas vitorianas e nas condimentadas culinárias *cajun*, dos acadianos da Nova Escócia, e *créole*, dos imigrantes do Haiti. Tórridos e úmidos verões transformam-se em festa ao anoitecer com a fusão de ritmos africanos e jazz que Nova Orleães exportou para o mundo. Na véspera da quaresma, mais de um milhão de turistas invadem o animado Bairro Francês para celebrar a Terça-Feira Gorda (Mardi Gras), no ambiente sempre festivo da cidade.

A localização de Nova Orleães é uma bênção e uma maldição. As principais ruas seguem a curva do lendário Rio Mississipi e, ao norte, do vasto Lago Ponchartrain, com sua ponte de 38 quilômetros de extensão conectando a cidade ao restante do estado. Entre o rio e o lago, ruas típicas como a

Bourbon Street, Royal Street e a Praça Jackson formam o ambiente ímpar da cidade natal de Louis Armstrong. A religião de origem africana Voodoo, trazida pelos caribenhos, completa o folclore local.

Nova Orleães fica quase dois metros abaixo do nível do mar, razão para os cemitérios terem tumbas elevadas. A morte, por sinal, chegou impiedosa com o furacão Katrina. O sistema de diques que protege a cidade falhou miseravelmente, inundando 80% da região e causando cerca de 2 mil vítimas fatais, especialmente entre a população negra e pobre que, sem transporte e recursos, não teve como escapar do desastre.

O estado, no local que foi o maior centro de comércio de escravizados dos Estados Unidos, é um dos menos desenvolvidos do país, graças principalmente ao descaso dos governos e da estrutura social americana. Como ocorre no Brasil, ficou novamente escancarado o contraste social que assombra a população afrodescendente desde a escravidão. O presidente de então, George W. Bush, foi considerado negligente ao não mobilizar em tempo os serviços de emergência após o desastre.

Tanto lá como cá, a discriminação e a falta de oportunidade no pós-abolição deixaram os negros abandonados à própria sorte. Apesar disso, o trabalho e a determinação desses valorosos cidadãos seguiram enriquecendo sobremaneira o novo continente.

Romantizamos e exaltamos jazz, blues, samba, capoeira, carnaval, ciência, arte, herança linguística e sabores trazidos pelos africanos. Assim, disfarçamos o preconceito, a violência e a negação da dignidade que afligem a comunidade afrodescendente há séculos. Como sociedade, gostamos do que vem da cultura negra, mas, triste e veladamente, seguimos não gostando do negro.

PARTE 5
BRASIL

RAÍZES EM MOVIMENTO

Nasci no paralelo 30, ao sul das Américas, em uma posição intermediária entre o calor tropical e o frio platino, onde os hábitos dos dois climas alternam-se permeados por suas agruras e benesses. Na infância, as eventuais dificuldades e tristezas eram tratadas com puro amor, com um beijo e um afago da mãe, com um abraço e uma palavra de incentivo do pai, com o calor humano que abraça um espaço-tempo que, para privilegiados, será sempre um refúgio mental, mesmo, ou ainda mais, quando deixa de ser físico.

Vim ao mundo durante os anos de ferro de um regime militar, que teve seu apogeu naquele ano de 1971. O presidente brasileiro era o General Emilio Garrastazu Medici, gaúcho de Bagé e figura tão caricata quanto abominavelmente repressiva dos anos de ditadura. Para uma criança, a situação política passava despercebida, ainda que alguns sinais fossem evidentes. As aulas de Educação Moral e Cívica, felizmente, focavam mais no civismo do que na moralidade. Os desfiles de militares e de estudantes no Dia da Independência, embora gerassem interesse e curiosidade, deixavam, no fundo, um mau-hálito cáustico no ar primaveril de setembro.

Enquanto marchávamos compenetrados em frente a um palanque apinhado com autoridades militares, civis, eclesiásticas e os bajuladores de plantão, nos porões dos quartéis e delegacias havia muito sofrimento entre presos políticos, que em sua maioria estavam ali por terem lutado por liberdade, sua e da nação.

Autores, compositores, jornalistas e pessoas comuns que simplesmente ousavam se expressar de forma contrária ao regime eram pesadamente censurados. Muitos desapareciam, temporária ou permanentemente. Na superfície de minha infantil inocência, contudo, tudo parecia correr relativamente bem. Já para a vasta maioria dos adultos, conscientes da situação e pelo menos suspeitosos dos bastidores, um olho era tapado para o absurdo de um regime autocrático e truculento.

Marchas militares e canções nacionalistas ressoavam em rádios e televisores. As primeiras canções que entoei, no entanto, foram bem mais doces e memoráveis. "Como Vai Você" e "A Montanha", de Roberto Carlos, eram minhas prediletas.

Naqueles anos de formação do caráter e de preparação para a vida adulta, o exemplo familiar de honestidade, humildade, sabedoria, amor ao próximo e união nas dificuldades eram depósitos diários do maior capital que alguém pode receber, que ninguém pode subtrair e que crise alguma pode desvalorizar. São valores que nos constroem e que servem de base sólida para toda e qualquer situação futura.

Nós morávamos em uma região de colonização predominantemente alemã, no centro do Rio Grande do Sul, e meus pais eram oriundos de regiões diametralmente opostas do estado. Visitar meus avós era como viajar a países estrangeiros. No vilarejo em que viviam meus avós paternos, falava-se outra língua, com outro senso de humor, outra culinária e com uma cultura que atravessara o oceano desde o norte italiano.

O conforto e a segurança da realidade limitada em que eu vivia sofreram alguns golpes na adolescência. No final do curso secundário, enquanto me preparava para os exames de admissão para a Universidade, fiz um curso preparatório noturno com professores que vinham de Porto Alegre, onde eu planejava cursar Engenharia. Conversando certa noite com um desses professores, ele nos desaconselhou veementemente de participar do concurso para a Universidade Federal do Rio Grande do Sul. Segundo ele, não deveríamos sequer tentar, uma vez que a preparação de meus concorrentes da capital era muito superior. Por um momento, ele me fez pensar e chegou a tirar momentaneamente minha motivação. Felizmente, o desânimo logo se transformou em desafio. Poucas semanas depois, eu celebraria a aprovação com uma das primeiras colocações na universidade mais concorrida do estado. Eu nunca mais confiei em conselhos de pessoas que não elevam meu espírito.

A vida recomeçava, pela primeira vez, longe de casa. Mesmo com o apoio e o incentivo que sempre tive da família, seguiram-se inúmeras lições de humildade, provações e experiências que ajudaram a moldar o resto da minha história e a forma com que eu enxergaria o mundo. Despertava em mim a inquietude geográfica e a ausência de fronteiras, que me proporcionariam conhecer outros povos e, assim, conhecer melhor também a mim mesmo.

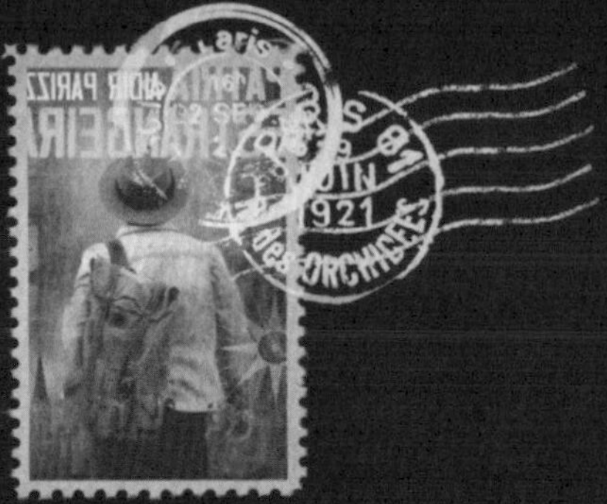

A HERANÇA DO COLONIALISMO

Em 2018, levei meus filhos à Embaixada Brasileira em Londres, no dia das eleições presidenciais. Pela primeira vez, eles me veriam votar para presidente do Brasil. Lembrei que, quando criança, nunca havia visto meus pais votarem para presidente.

A primeira eleição direta pós-ditadura militar foi em 1989 e tanto eu como meus pais dividimos a experiência de votar pela primeira vez em uma eleição para o cargo máximo do país. O candidato que escolhi no primeiro turno daquele pleito foi Leonel de Moura Brizola, que acabou não passando ao segundo turno.

Na rodada final, a escolha era entre Luiz Inácio Lula da Silva, candidato do ainda jovem Partido dos Trabalhadores, e Fernando Collor de Mello, um candidato relâmpago, economicamente poderoso, de um partido novo e inexpressivo, que aparecia como bastião da honestidade. Votei em Lula de forma convicta, talvez mais como oposição ao que Collor representava. Era difícil acreditar que aquele agressivo e petulante jovem alagoano pudesse vencer. Foi a primeira de muitas eleições em que minha escolha não saiu vencedora.

Collor passou a campanha dizendo que o "comunista" Lula iria tomar o dinheiro e as propriedades do povo e transformar o Brasil em uma nova Cuba. Ao assumir a presidência, uma das primeiras medidas do "caçador de marajás" foi exatamente a de confiscar as economias de toda a população, deixando apenas um pequeno valor nas contas bancárias individuais. O plano mirabolante de recuperação da economia, obviamente, não funcionou. Sua presidência foi desastrosa e ele acabou sendo defenestrado, renunciando diante do iminente *impeachment*. Sua única herança positiva e acidental foi a escolha do vice que assumiu o poder. Itamar Franco, de forma despretensiosa e com a ajuda de técnicos e intelectuais de diversas áreas, acabou consertando em boa parte a economia brasileira, controlando a inflação e a moeda, que, até então, regularmente perdia zeros e mudava de nome.

Na eleição de 2018, votei em primeiro turno em outro candidato progressista que, dessa vez sem surpresas, não passaria ao segundo turno. Restou-me escolher entre um candidato do então desgastado Partido dos Trabalhadores e o mais novo "salvador da pátria", um ex-militar medíocre e parlamentar quase inexpressivo que se alimentava de ódio e divisão. Assim como bondade e gentileza são contagiantes, também o são a truculência e o preconceito, atingindo pessoas que caem ingenuamente no discurso fácil e violento de supostos defensores da moral e dos bons costumes.

O novo mandatário incentivou e fortaleceu uma característica nefasta de parte da população brasileira, que antes tinha vergonha de manifestar seu gosto pela tirania, com um discurso repetitivo, chulo, quase sempre carregado de preconceito, humor de péssimo gosto e palavras que pareciam decoradas de uma tosca introdução ao neofascismo. Outros inocentes úteis, manobrados pela novidade das redes sociais usadas como instrumento político, o apoiaram de forma passional e ostensiva. Em grande parte, são pessoas humildes contaminadas pela desinformação que passam a se comportar como reses agitadas e raivosas que celebram o caminho do abatedouro.

Entendo, respeito e, apesar da distância física do Brasil, compartilho o sentimento de aflição causado pela insegurança e pela corrupção generalizada, arraigada dentro e fora da política estatal. Nada disso, porém, justifica barbárie, racismo, preconceito e injustiça social como solução.

Uns mais e outros menos, os numerosos partidos políticos no Brasil, em qualquer espectro, têm os mesmos problemas de desonestidade e usurpação do poder, o que indica causas culturais mais profundas, independente de classe social, condição econômica ou nível de educação formal. Entristece-me reconhecer que o Brasil, e em especial sua elite econômica, nutre uma índole egoísta e mesquinha, desprovida de noções básicas de planejamento, organização e, principalmente, coletividade. É doloroso constatar também que, apesar da miscigenação e do amplo leque de raças, crenças e culturas, o Brasil é um país exclusivista e racista. Embora seja, por vezes, liberal nos costumes, é excessivamente conservador política, social e economicamente.

Perdi a conta das decisões coletivas, que seriam importantes para o desenvolvimento do país, tomadas com preconceito e motivadas por medo, insegurança e ignorância. A tendência é sempre de atacar as consequências, e, assim, aprofundar as causas dos problemas brasileiros.

Há décadas, vivo em realidades diferentes, e, ainda assim, sempre tentei acompanhar o que acontecia no país natal. A distância pode proporcionar uma lente mais racional, menos baseada no calor do momento que, de outra forma, a presença física causaria. Muitas vezes, o que parece óbvio para todos deixa de sê-lo ao tomarmos distância e ganharmos uma melhor perspectiva.

Em pleno século 21, uma enorme porção dos eleitores brasileiros aposta em propostas simplórias para resolver a situação dramática de desigualdade, injustiça e violência da qual o Brasil parece jamais conseguir sair. A sede de vingança toma conta dos incautos. Uma das soluções aclamadas foi a de armar a população, ou melhor, os chamados "cidadãos de bem". Esse, aliás, é um conceito bastante estranho para mim, como uma tentativa de separar as pessoas de forma definitiva, parecida com o antigo conceito de castas na Índia ou de classes na Inglaterra, em uma designação que desconsidera o largo e fluido espectro do comportamento humano.

Em um tempo em que todos podem emitir sua opinião e se sentem forçados a escolher um lado, como em uma partida de futebol, a divisão e o clima agressivo que se cria autorizam e incentivam o uso da violência e a negação da ciência e dos fatos como solução. Cada um se sente livre para aplicar o próprio critério e se unir a determinada bolha social, em uma afirmação disfarçada quase sempre de patriotismo. É lamentável, porém previsível, que a democracia sem vigilância sofra tal processo de autodestruição, no Brasil e em outras partes do mundo, onde a autofagia do regime democrático ocorre justamente pelo seu instrumento mais poderoso: o voto.

Em vez de se enxergar como uma cultura nova e original, a herança do colonialismo e o sentimento de inferioridade por ele causado provocam a comparação com o colonizador, seja ele real, seja imaginário. Muitos comparam o Brasil com os Estados Unidos. Vivi quase a metade da minha vida no Brasil e doze anos nos Estados Unidos e considero a comparação entre os dois países inadequada. Os norte-americanos tiveram um estilo de colonização muito diferente da dos brasileiros. Os Estados Unidos, diferentemente do Brasil, procuraram ser uma democracia desde sua independência, com instituições fortes e raízes anglo-saxãs. No entanto, a administração americana, no momento em que escrevo, é capitaneada por um governante arrogante e pretensioso, tão cruel e cultuador de si mesmo como suas patéticas versões da extrema-direita brasileira e de outros países. Tenho uma tênue esperança de que a tendência mundial de crescimento populista e antidemocrático atual seja, na pior das hipóteses, um brusco e temporário desvio ou retrocesso.

Por sua vez, a debilidade notável e a corrupção sistêmica das instituições brasileiras tornam o país bastante frágil. Qualquer decisão errada leva anos ou décadas para ser corrigida. O Brasil, para os que insistem em comparar, até poderia olhar para outros países, como Índia, México, Colômbia, Argentina, Filipinas, Indonésia, e jamais para os Estados Unidos. Quando nos livraremos do servilismo e da vassalagem ao Primeiro Mundo, tão típicos do subdesenvolvimento?

A ALMA BRASILEIRA

O cronista escocês Hugh Mclivaney diz que na maioria dos países o futebol é a vida em miniatura. Para mim, no Brasil, a vida é o futebol em miniatura, em uma partida sem fim onde faltam diálogo e equilíbrio e sobram euforia e depressão.

Escrevo sobre meu país natal como quem caminha sobre gelo fino, procurando fazê-lo com equilíbrio e serenidade. Vivi no Brasil até os 20 anos de idade. Tive uma infância tranquila e saudável, estudei em uma excelente escola e depois em uma universidade pública de boa qualidade para os padrões brasileiros. Tive uma estabilidade familiar por toda a vida, baseada no exemplo prático de meus pais e em seus valores de humildade e humanidade.

Depois de quase 30 anos fora do Brasil, hoje me sinto um pouco estrangeiro em meu país natal. O Brasil avançou em aspectos de modernidade ao longo dos anos, mas temo que tenha involuído naquilo que mais interessa, que são as relações humanas. Sem rancores e ressentimentos, sinto-me à vontade para apontar o que vejo de bom e ruim. Descobri também, aos poucos, que os motivos que muitos consideram – e que eu mesmo por muito tempo considerei – como fonte de orgulho nacionalista, não passam de rotas de escape para os problemas reais.

Por exemplo, saí do Brasil com a sensação de que havia nascido em um país libertário, orgulhoso de sua natureza multirracial, aberto a novas ideias e avançando democrática e culturalmente. Hoje, lamento que tal percepção tenha sofrido uma guinada de 180 graus.

Nossa existência tem um horizonte temporal e cultural que define a forma como vemos as relações humanas, os padrões de comportamento, os conceitos e, é claro, os preconceitos. Deixando de fora alguns visionários que estão à frente de seu tempo e um número maior de lunáticos anacrônicos que insistem em não evoluir, a maioria pensa de acordo com a realidade temporal em que vive, o que proporciona conforto e segurança mental. Com relação aos paradigmas temporais, o acesso à informação, a facilidade de deslocamento e a globalização da cultura tornaram bem mais fácil, em teoria, expandir nossa visão e nossos conceitos.

As consequências são positivas, mas há nefastas exceções. Uma delas é que, ao conhecermos outras realidades e outros conceitos que se tornam mais verdadeiros para nós, estamos condenando nosso retorno à realidade original. Em certos casos, como consequência, retornar fisicamente ao local do qual saímos se torna muito difícil.

Tomando distância e lendo muito a respeito, dou-me conta de que o Brasil tem uma ferida aberta que ainda levará gerações para curar. Os séculos de escravidão oficial e sua abolição, forçada pela pressão do resto do mundo, a contragosto e sem planejamento social, deixaram marcado a ferro na cultura brasileira um preconceito que migrou gradualmente de racismo explícito a algo mais velado, baseado em classes sociais, obviamente sem eliminar o fator ligado à cor da pele.

Como nas castas inferiores do hinduísmo, a enorme classe baixa é forçada a resignar-se continuamente. No final do século 19, o Brasil recebeu uma leva de imigrantes europeus, entre eles meus antepassados, que preencheram em certa medida o vazio deixado pela escravidão. Eram árduos trabalhadores, com famílias estáveis e mínima ou nenhuma educação formal. Durante a transição iniciada pela abolição da escravidão, a falta de solidariedade com relação à mão de obra raptada da África, pessoas que finalmente se tornavam, teoricamente, livres, criou-se uma situação que se perpetuou e se amplificou nas gerações seguintes.

A concorrência desleal da imigração europeia, privilegiada com terras e identidade (algo que os escravizados nunca tiveram), não somente oprimiu ainda mais os antigos cativos, mas também reforçou a tendência humana de valorização própria através da criação de uma necessária classe inferior, que ressalta e incentiva essa diferenciação. Os conceitos negativos com relação aos pretos, as piadas racistas e as comparações constantes relativas à cor da pele ou à origem humilde tornar-se-iam lugar-comum entre os imigrantes, como já era comum nas classes dominantes existentes, eles mesmos ex-proprietários de escravos.

O mundo moderno ainda aceita esse tipo furtivo de escravidão, mas o Brasil exacerbou o problema como poucos. Consciente ou inconscientemente, pessoas que vivem no topo da concentração de riqueza e poder, resistem a dividir suas benesses com os menos abastados, sempre vistos como uma ameaça à manutenção de regalias. O mais triste é ver que causa terror para muitos privilegiados ver aqueles que sustentam os benefícios das classes mais altas começarem a dividir as mesmas escolas, universidades, aeronaves, locais de lazer etc. Recentemente vimos um sentimento negativo instalar-se na classe média e alta ao se garantirem plenos direitos, por exemplo, às empregadas domésticas. É claro que toda essa resistência ao progressismo é feita de forma inteligente e indireta, quase sempre em nome da globalização, do liberalismo, da meritocracia e de outras falácias usadas para perpetuar vantagens.

Poucos admitirão, e muitos o fazem inconscientemente, mas enxergo amiúde esse sentimento rancoroso em muitos que criticam um nordestino que, apesar da pouca educação formal e da origem extremamente humilde, tornou-se um líder popular e presidente da nação, eleito por três vezes. Entre tropeços no discurso e pontual populismo em algumas ações, o fato é que suas administrações melhoraram a vida dos brasileiros mais humildes, reforçaram a contribuição da comunidade científica e focaram na preservação do meio ambiente. Não hesito em apostar que as próximas gerações irão colocá-lo entre os grandes presidentes brasileiros e líderes mundiais.

Na classe média, em especial entre os que estão acima da média cultural e econômica, o preconceito atinge proporções ainda maiores. Na vã esperança de ascender economicamente e no pavor do risco de empobrecer ainda mais, nutrem condescendência e, em alguns casos, um velado ódio histórico aos mais pobres. Essa mancha da escravidão está guardada nos porões da nossa consciência e acaba sendo transferida até mesmo às próprias classes baixas, que parecem se culpar por sua situação econômica.

No Brasil, em vez de um líder, busca-se sempre um herói milagroso. Quando o povo o encontra, este passa por um curto período de glória, para então se iniciar sua impiedosa desconstrução. Basta qualquer pequeno detalhe, deslizes momentâneos, palavras mal colocadas e, crescentemente, mentiras, para a derrocada certa, ressaltando pontos negativos e apagando conquistas. Só há normalmente um antídoto eficaz para essa reação negativa, e é um remédio amargo: a morte, que refaz trajetórias, apaga erros e realça o que realmente importava.

Instintivamente, precisamos nos sentir superiores ou mais felizes do que outras pessoas que tomamos como referência. Por essa razão, notícias de tragédias, dificuldades, pessoas em apuros nos atraem. Fazem-nos sentir que estamos bem por estarmos melhores que alguém. Lembro que estamos falando aqui do cidadão médio, e não da minoria de pessoas que sublimam sua natureza animal com sabedoria e espírito humano.

Embora prefiramos acreditar que temos um pensamento absolutamente livre, ao nascermos nesse meio, em qualquer sociedade mais ou menos desenvolvida, incorporamos conceitos e preconceitos desde tenra idade. O que nos diferencia na vida adulta é a vigilância em relação a isso, que se desenvolve com senso crítico e boa orientação familiar. Leitura, reflexão e experiências aceleram essa evolução.

Uma revolução cultural, com valorização da educação, da cultura, da inclusão social e de características próprias de um povo rico e miscigenado como o brasileiro poderiam representar uma solução sustentável. O Brasil precisa cuidar de seu espírito como nação. Mais importante que a economia, o país deveria se conhecer melhor, reinventar sua personalidade e, assim, oxalá, curar sua alma.

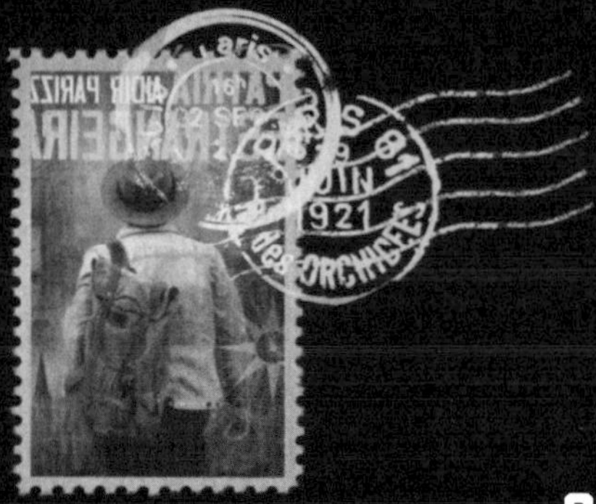

O AI-5

Nas entranhas da tirania

O ano era 1968. Um ano antes, o General Artur da Costa e Silva (1899–1969) havia recebido a Presidência da República de Humberto Castelo Branco, primeiro dos generais presidentes depois do golpe de estado de 1964. Em seu discurso de posse, o novo mandatário havia prometido mais abertura política, liberalidade e uma transição para a democracia plena. Naquele ano, no que parecia mais um sinal de que a nação estava no rumo democrático, a Rainha Elizabeth II tinha estado no Brasil, até hoje a única visita de um monarca britânico ao país. O que não se sabia era que todos os sucessores militares também fariam o mesmo discurso inaugural nos mandatos subsequentes.

No segredo da caserna, porém, Costa e Silva era a solução dos quartéis para a continuidade do regime militar. O gaúcho de Taquari representava a chamada corrente palaciana, alternativa para apaziguar outras duas correntes: a castelista, de militares mais moderados e intelectualizados que queriam um diálogo com a sociedade, e a chamada "linha-dura", do General Afonso de Albuquerque Lima, que queria o recrudescimento definitivo do regime militar. Entre as diferentes facções só havia um ponto de união: a determinação de não devolver o poder aos civis.

Aproveitando uma visita do presidente à cidade de Pelotas, em abril de 1968, estudantes do último ano da Escola de Engenharia Industrial de Rio Grande misturaram-se à imprensa local e, próximos ao General Costa e Silva, convidaram-no para ser paraninfo da turma no final daquele ano. Não havia grande esperança de que ele aceitasse, mas a ideia dos formandos era deixar uma contribuição para a comunidade de Rio Grande, atraindo a atenção do poder para oportunidades de desenvolvimento no município mais antigo do Rio Grande do Sul.

Surpreendentemente, Costa e Silva aceitou de imediato e ordenou a um auxiliar que acertasse todos os detalhes. Ali já ficou marcada a data da formatura, 10 de janeiro de 1969. Porém, após aquele dia em Pelotas, não houve mais nenhuma confirmação ou comunicação por parte do poder executivo, o que deixou os estudantes apreensivos. A única solução encontrada foi a de enviar um representante da turma a Brasília para buscar informações, e a tarefa coube a meu pai, Aidir Parizzi (1945-2021), líder dos formandos e escolhido como orador da turma na cerimônia cuja data se aproximava.

No dia 10 de dezembro de 1968, meu pai aterrissou em Brasília a bordo de uma aeronave de carga da Aeronáutica, onde havia viajado sentado em um banco de madeira, entre pacotes e malotes de correspondência. Inusitadamente, ao lado dele, uma freira também aproveitava a carona aérea. No dia 11, Aidir chegou cedo ao Palácio do Planalto, sem hora marcada e com a esperança de ser atendido por algum servidor da Presidência. Para sua surpresa, após aguardar algumas horas, foi conduzido por um ajudante de ordens até o gabinete presidencial. Ali estavam reunidos, além de Costa e Silva, o ministro da justiça Luís Antônio da Gama e Silva (1913-1979), o bageense chefe do SNI, Emilio Garrastazu Médici (1905-1985) e mais alguns militares, que fizeram uma pausa para atender o jovem de 23 anos. Em poucos minutos, ficaram acertados os detalhes da formatura. Uma das exigências era que, além do presidente, somente o orador fizesse discurso, que não poderia durar mais de 7 minutos.

Enquanto meu pai retornava a Rio Grande, o resultado da reunião que ele havia interrompido sacudiria o país. No dia seguinte, o governo amargaria uma derrota na Câmara Federal a respeito de uma questão relativamente banal. Era a desculpa que os estrelados generais aguardavam para implantar um regime de exceção.

Naquela mesma semana, em uma sexta-feira 13, o documento conhecido como Ato Institucional Número Cinco viajou com a comitiva ao Rio de Janeiro. Redigido por Gama e Silva, o AI-5 fora editado e aprovado pelo presidente e pelo General Médici no dia 11, no Palácio do Planalto. No Rio de Janeiro, o decreto foi apresentado a todos os ministros, em uma reunião no Palácio das Laranjeiras. Por saber bem qual seria o impacto das medidas e para dividir a responsabilidade, Costa e Silva fez questão de que a reunião fosse registrada em áudio.

Na gravação da reunião que instituiu o AI-5, alguns trechos merecem destaque. Médici frisou que aprovava o documento com grande satisfação, ou seja, o general concordava consigo mesmo. O ministro do trabalho, Jarbas Passarinho (1920-2016), exaltou a ditadura que estava sendo oficialmente implantada e chegou a dizer: "às favas com todos os escrúpulos de consciência". O ministro da fazenda, Antônio Delfim Netto, declarou que as medidas deveriam ter sido ainda mais duras. Esse senhor, aliás, é um caso a ser estudado. Homem alegadamente culto (consta que possui uma biblioteca com mais de 30 mil volumes), o caricaturável ministro jamais soube usar seu suposto conhecimento para ajudar o Brasil e, lamentavelmente, teve longa vida pública. Delfim segue procurado pela imprensa para expressar opinião sobre economia e política pública, quando deveria ter sido defenestrado juntamente com a ditadura militar.

O próprio presidente, em mais uma demonstração de fuga de responsabilidade, declarou que achava as medidas violentas, mas que colocava acima de tudo o "interesse nacional". O vice-presidente Pedro Aleixo (1901-1975) foi o único que votou contra, alertando para a inconstitucionalidade do decreto, que atentava contra o estado de direito. No final, o documento foi ratificado e comunicado em cadeia nacional. Era o golpe dentro do golpe, em nome da preservação da ordem e, pasmem, contra a ameaça do comunismo.

Meu pai contava que levara um susto com as "medidas ditatoriais que mergulharam o Brasil nas trevas da perseguição política" com prisões, torturas e assassinatos de pessoas que ameaçassem o regime vigente. O orgulho de ter um paraninfo daquele calibre havia se dissolvido significativamente com o AI-5, mas era tarde demais para desistir do convite. Restava a oportunidade de fazer do limão uma limonada, usando a cerimônia para ajudar a comunidade local.

No dia 10 de janeiro de 1969, o município de Rio Grande decretou feriado para receber Costa e Silva, o primeiro presidente a visitar a cidade. O general e alguns ministros chegaram de helicóptero, poucos minutos antes da formatura no Cine Sete de Setembro. Conforme ordens recebidas em Brasília, o discurso de meu pai foi breve, mas nele estavam contidas duas importantes reivindicações da cidade: a construção do Superporto e a criação de uma universidade. As duas petições seriam atendidas em alguns meses, com a formação da Fundação Universidade de Rio Grande naquele mesmo ano e a incorporação do Superporto em 1970.

Altruísmo, humanidade e liderança, naturais na personalidade de meu pai, aliados àquela experiência marcante com os donos do poder, podem ter sido cruciais para outra solicitação envolvendo o governo e uma grande corporação multinacional. No final dos anos 1990, a matriz norte-americana da Philip Morris estava decidida a transferir a unidade de Santa Cruz do Sul para o Paraná. Ainda na adolescência, vivi indiretamente a luta incansável e o esforço pessoal de meu pai para convencer o governo estadual a fazer as concessões necessárias e, assim, convencer a empresa de que manter a fábrica em Santa Cruz seria a decisão mais prudente. Estavam em jogo milhares de empregos, futuros investimentos e o vital provento de impostos que contribui para que Santa Cruz seja um dos municípios mais ricos do Rio Grande do Sul.

Com um preâmbulo que incluía palavras como "ordem democrática", "respeito à dignidade da pessoa humana (sic)" e "liberdade", o AI-5 acabou com os direitos políticos e iniciou um período atroz de caça aos opositores do regime militar, resultando em centenas de mortos e milhares de presos, torturados e desaparecidos. Mais de cinco décadas depois, vimos um contingente significativo pedindo intervenção das Forças Armadas. Alguns chegam a se referir ao AI-5, defendendo um estrambólico conceito de liberdade pela via autoritária e desrespeitando a vontade popular expressa nas urnas.

Em 1992, poucos meses antes da minha formatura em Engenharia, comentei com alguns colegas sobre essa história de meu pai. Alguns sugeriram que também nós convidássemos o Presidente da República para ser paraninfo. O chefe do executivo, na época, era Fernando Collor de Mello, e o ministro da Justiça era Jarbas Passarinho. Ao contrário do que aconselhava o ex-ministro de Costa e Silva em 1969, escrúpulos de consciência fizeram com que eu, imediatamente, mudasse de assunto.

REI PELÉ

Talento e humildade

Era tarde da noite em meu primeiro dia em Moscou, em 1993. Depois de dois dias de viagem, eu finalmente dormiria, instalado na casa de estudantes da universidade. Alguns minutos depois, acordo com alguém batendo à porta do quarto. Era Renat, um estudante local, curioso para encontrar um brasileiro recém-chegado. Na mão direita, segurava uma foto emoldurada de Pelé ao lado do famoso arqueiro russo Lev Yashin, o Aranha Negra (ou Pantera Negra). Na mão esquerda, uma garrafa de vodca. Eu não sabia quase nada de russo e ele falava pouquíssimo inglês, mas sua simpatia e aquela foto convenceram-me a deixá-lo entrar. Inicialmente, trocamos palavras básicas: Brasil, futebol, Pelé, café. Após alguns copos de vodca, porém, conversávamos normalmente, não lembro sobre o que e nem como.

Pelé é a maior referência internacional do Brasil. Felizmente, traz sempre uma relação positiva, de simpatia e autoridade. Testemunhei por diversas vezes o brilho nos olhos das pessoas ao falarem nele e a comoção que sua presença causa, mesmo em países onde o futebol não é popular, como na Índia ou nos Estados Unidos. Nenhum outro brasileiro teve seu nome completo, Edson Arantes do Nascimento, tão pronunciado por estrangeiros, orgulhosos por sabê-lo de cor. No último domingo, dois dias após a morte do brasileiro, o padre da paróquia inglesa que frequento relatou no sermão que vira Pelé no estádio Goodison Park, em Liverpool, marcando um gol contra a Bulgária na Copa de 1966.

O brasileiro soube honrar a fama mundial com humildade e gentileza. Na Alemanha, assisti a uma entrevista em que Pelé destacava sua origem pobre e a luta por justiça dos oprimidos no Brasil. No final, dirigiu sua simpatia aos telespectadores, em inglês e alemão: "*To my German friends: mir geht es gut!*" (Aos amigos alemães, eu estou bem). É claro que há outros brasileiros ilustres, mas, pela reputação e projeção mundial, nenhum foi maior em nossos 522 anos de história. Isso se torna ainda mais significativo por Pelé ser um negro nascido em uma sociedade marcada por racismo e preconceito, que infelizmente não desapareceram com a abolição da escravidão.

No Brasil – e no Brasil somente! – não falta quem procure manchar uma brilhante história pessoal como a de Pelé. Como em outros casos, a cultura escravagista e elitista, usando subterfúgios para encobrir o racismo e a intolerância evidentes, não aceita que alguém com origem humilde ou pele escura possa chegar a uma posição de destaque. No caso de Pelé, trazem à tona de forma superficial o reconhecimento de paternidade de Sandra, uma das filhas de Pelé. Uma pesquisa mais detalhada revela que a questão só acabou na justiça graças à ganância e à deslealdade do advogado e do marido de Sandra, em um caso que, de outra forma, poderia ter sido resolvido pelo exame de DNA e sem litígio, como aconteceu com Flávia, filha de Pelé com uma santa-cruzense.

Seus dribles jamais humilharam os adversários, que até se rendiam ao talento e à magia do Rei. Tarcisio Burgnich, zagueiro italiano encarregado de marcar Pelé na final da Copa de 1970, contou: "Antes da partida, eu mentalizei que ele era como eu, de carne e osso. Eu estava errado". A grandeza de Pelé permanecerá. O mineiro foi o primeiro e, de longe, o maior astro do esporte bretão. Pelé fez o mundo sorrir com sua alegria e seu talento, colocando o futebol em um patamar ímpar de popularidade.

Algumas vezes, em apresentações e reuniões, usei uma singela história que ouvi de Pelé. Em seu primeiro trabalho, como engraxate, ele oferecia seus serviços no entorno de sua casa, em um bairro pobre da cidade. Quase todos que passavam usavam chinelos, e o menino de 6 anos notou que, por ali, teria poucos clientes. Passou então a frequentar a estação ferroviária, onde havia muita gente calçando sapatos. Ao atender o primeiro cliente, foi elogiado pelo trabalho e, em seguida, ao ser perguntado sobre o preço, Edson se deu conta de que não havia pensado em quanto cobrar. A lição ficou para seu futuro nos negócios: esteja onde estiverem seus clientes e conheça o seu valor.

Guardo com carinho a camisa canarinho autografada por Pelé, como homenagem pelas portas e sorrisos que seu talento espetacular e seu carisma abriram para mim e abrem para os brasileiros no exterior. A magia de seu futebol, a diplomacia de palavras simples, a admiração e o reconhecimento mundial seguirão fazendo com que Pelé jamais perca a majestade.

MISSÕES GUARANIS

Triunfo na mesopotâmia sul-americana

Em uma noite de chuva intensa de 30 de novembro de 1997, mais de vinte mil pessoas reuniram-se no Sítio Arqueológico de São Miguel Arcanjo (Ruínas de São Miguel) para assistir a um memorável espetáculo musical. A principal atração era o tenor espanhol José Carreras que, além de cantar tradicionais e populares árias executadas pela Orquestra Sinfônica de Porto Alegre, foi o solista da magnífica Misa Criolla, composição do argentino Ariel Ramirez (1921-2010). Ao som de um grupo musical com instrumentos indígenas e um coral de 40 vozes, o cenário não poderia ser mais adequado. O próprio compositor Ramirez estava ao piano, algo para o qual nossa consciência colonizada e eurocêntrica dava menor importância.

Naquele ano eu morava no noroeste gaúcho e não poderia perder tal oportunidade. Mesmo ensopado entre a multidão que se aglomerava no local mais econômico disponível, em pé, atrás das milhares de cadeiras numeradas, eu estava consciente da grandiosidade do espetáculo. Na entrada, patrocinadores distribuíram capas de chuva brancas aos presentes. Após o espetáculo, o tenor catalão declarou ter se assustado ao ver toda a plateia vestindo branco, no que mais parecia um encontro místico e religioso. Até a intempérie havia ajudado a produzir o ambiente ideal, em um local com tamanha importância histórica.

O valor cultural das reduções jesuíticas não está somente nas impressionantes ruínas, mas também na história de uma breve e utópica civilização. Visitei São Miguel das Missões repetidas vezes, assim como os demais Sete Povos, alguns dos quais se tornaram cidades de médio porte como São Borja e Santo Ângelo. Atravessando o Rio Uruguai, conheci outras ruínas na província de Misiones, Argentina, como a incrível redução de San Ignacio Mini, na fronteira com o Paraguai.

Do lado brasileiro, as ruínas de São Miguel são as mais bem conservadas. O local inclui um belo museu projetado pelo arquiteto Lúcio Costa, o interessante espetáculo de Som & Luz e o sítio arqueológico que mantém a memória das reduções. A icônica igreja do povoado foi projetada pelo arquiteto italiano Giovanni Battista Prímoli, inspirada na Igreja de Jesus, sede dos jesuítas em Roma.

Os Sete Povos das Missões foram parte da segunda fase de evangelização jesuíta em solo gaúcho. A primeira iniciou sete décadas antes. A Companhia de Jesus havia sido fundada há menos de meio século por Inácio de Loyola como reação à Reforma Protestante, com característica fortemente missionária e foco no mundo que portugueses e espanhóis estavam descobrindo e explorando.

Os jesuítas chegaram ao Paraguai no final do século 16 e partiram para o leste em missão evangelizadora. Para entender a situação política da época, é importante saber que os jesuítas respondiam unicamente ao Papa, e que, na época, Portugal e Espanha estavam agregados pela União Ibérica (1580-1640), portanto, sem as limitações do Tratado de Tordesilhas.

As primeiras reduções no lado brasileiro foram construídas entre 1609 e 1624 no oeste da Região Sul. O território guarani era delimitado pela mesopotâmia dos rios Paraná, Uruguai, Iguaçu, Paranapanema, Paraguai e seus afluentes. A escolha dessas tribos foi prática, por serem mais pacíficas e abertas à catequização. Além disso, muitos hábitos coletivos dos aborígenes estavam em harmonia com os ideais cristãos, ainda que algumas tradições indígenas tenham se perdido no processo.

A missão no atual Rio Grande do Sul iniciou quando, em 3 de maio de 1626, o padre paraguaio Roque González de Santa Cruz (1576-1628) – linguista, arquiteto e estudioso jesuíta santificado em 1988 – atravessou o Rio Uruguai e fundou a primeira das 18 reduções guaranis da primeira fase. Havia ainda o propósito de proteger os indígenas, constantemente atacados pelos paulistas, escravizadores mais tarde chamados de Bandeirantes, que já tinham dizimado a nação carijó no leste do estado. Tais ataques acabaram varrendo vestígios dessa primeira fase, com padres e muitos indígenas refugiando-se nas reduções argentinas e paraguaias. A segunda etapa jesuítica em território gaúcho, conhecida como os Sete Povos das Missões, viria mais de 70 anos depois.

A utopia de uma efêmera civilização

A história da colonização europeia do Novo Mundo é sórdida, violenta e marcada por interesses econômicos e de poder disfarçados de ideais religiosos – essa última característica, aliás, é prática corrente e até crescente no Brasil atual. Dos inuits (esquimós) do Alasca, passando por civilizações andinas e tribos tropicais brasileiras, até os mapuches da Patagônia, a norma geral europeia era ludibriar os nativos, explorar seu conhecimento e, então, escravizar ou matar.

Esse talvez tenha sido o maior diferencial das missões jesuíticas, que buscavam harmonia com hábitos indígenas através de educação, trabalho, atividades culturais e catequização.

Em 1682, os jesuítas retornaram ao oeste gaúcho e fundaram os Sete Povos das Missões: São Francisco de Borja, São Nicolau, São Miguel Arcanjo, São Luís Gonzaga, São Lourenço Mártir, São João Batista e Santo Ângelo Custódio.

A tarefa de catequizar tribos que, na prática, viviam no período neolítico, não poderia ser pela força e sim por convencimento e admiração mútua. Cada cidade de 4 ou 5 mil pessoas tinha apenas dois ou três padres. Ou seja, os caciques guaranis eram fundamentais para manter a ordem e a disciplina que caracterizavam as reduções. O esforço, obviamente, envolvia percalços. O próprio Padre Roque González já havia sido morto por um pajé, em 1628.

As casas, espaçosas e avarandadas, tinham células familiares monogâmicas, uma adaptação para os até então poliamorosos guaranis. O ponto central da redução reunia a igreja, o campanário, o cemitério, a escola e uma casa para viúvas e órfãos, o cotiguaçu. As escolas ensinavam latim, guarani, escultura, música e outras disciplinas. As lavouras de milho, mandioca, erva-mate e de pasto para os vastos rebanhos dividiam-se entre as de uso comunitário (tupambaê, coisas de Deus) e as de uso familiar (abambaê, coisas do homem). As oficinas produziam móveis, esculturas e instrumentos musicais, parcialmente exportados, com as remessas reinvestidas nas missões.

Em 1750, Portugal e Espanha assinaram o Tratado de Madri, acordo favorável aos portugueses, no qual o rei espanhol aceitou trocar a disputada Colônia do Sacramento, em frente à Buenos Aires na margem oposta do Prata, pelos Sete Povos das Missões, ordenando a desocupação das reduções no prazo de seis meses. Unia-se o medo dos espanhóis de um ataque lusitano à atual capital argentina com a fúria expansionista e escravagista portuguesa. Havia ainda um infundado temor comum de que uma nova nação estaria surgindo, submissa aos jesuítas.

Os guaranis, revoltados, enfrentaram os exércitos ibéricos nas Guerras Guaraníticas (1754-1756), retratadas no excelente filme britânico "A Missão", de 1986. Os jesuítas foram expulsos da América do Sul em 1759 e, em 1773, a ordem foi extinta por uma bula papal. Dispersos, os indígenas caíram aos poucos no estado de abandono e preconceito em que ainda vivem. Não é de hoje que justiça social e ideais comunitários incomodam elites que se alimentam da desigualdade.

Em 1768, pouco restava das reduções. Foi o triste ocaso de uma breve civilização que pode ter sido um dos maiores exemplos da história de desenvolvimento baseado em conceitos verdadeiramente cristãos. Por não terem tido tempo de amadurecer e pela brutalidade dos opositores, deixaram um parco legado: ruínas, poucas obras de arte e a gênese de algumas cidades (a Catedral de Santo Ângelo é inspirada na Igreja de São Miguel). Nos hábitos, restou pelo menos uma herança indígena marcante para os gaúchos: o chimarrão.

A experiência jesuítica no sul das Américas foi comentada e aclamada por pensadores como Voltaire, Francis Bacon e Montesquieu. Auguste de Saint-Hilaire, de passagem pelo Rio Grande do Sul em 1820, registrou: "Entre os índios guaranis, muitos se lembram de haver ouvido pais e avós falarem dos jesuítas, dizendo que, quando os religiosos administravam a região, foi o tempo da felicidade".

A comunidade guarani foi uma experiência genuína que combinou culturas para criar algo novo que merece ser mais conhecido. Por isso, as ruínas de São Miguel foram declaradas Patrimônio Mundial pela Unesco, em 1983. Só falta o reconhecimento mais entusiasmado dos brasileiros. Pelo grau de desenvolvimento artístico, cultural e econômico, bem como pelo ideal de integração e não violência entre jesuítas e indígenas, ainda não conheci episódio mais inspirador na história do Brasil.

PATRIOTISMO E INDEPENDÊNCIA

Uma frase de 1775 do pensador Samuel Johnson é seguidamente mal interpretada: "O patriotismo é o último refúgio dos canalhas". A intenção do inglês não era criticar o patriotismo, que, como a religiosidade ou a tecnologia, pode servir para diferentes fins. O principal alvo da frase são os velhacos que, para avançar agendas que beneficiam a si e aos seus, apelam para um patriotismo ufanista que, quase sempre, enaltece territórios e bandeiras, acima dos compatriotas, enquanto cria inimigos falsos ou imaginários.

Guardo um amarelado impresso de 1922, encimado pelos brasões da república e do império, com uma oração cívica pronunciada por meu bisavô, o cientista Pedro Goulart dos Santos, durante as festividades do centenário da independência. Lê-se no último parágrafo: "Benditas sejam, benditos sejam teus destinos, pátria amada, alma e vida dos brasileiros, augusta soberana, onde tudo, no concerto imenso da civilização e do progresso, mostra e traduz o que és e o que vales!".

Meu ancestral, se vivo estivesse, não estaria exultante ao ver que, um século depois, os desejos da maioria dos brasileiros são de ter uma eleição pacífica em que o eleito tome posse, de que um contingente maior do que toda a população do Brasil de 1922 não passe fome, e de evitar que uma minoria sonora, raivosa e armada, torne realidade sua pretensão absurda de ressuscitar uma ditadura militar sempre à espreita.

Como neste ano, 1922 foi ano de eleição presidencial. Consta que foi uma das mais agressivas e sujas da história, carregada de *fake news*, conhecidas na época como mentira e enganação. Artur Bernardes, um fazendeiro rico de Minas Gerais, derrotou Nilo Peçanha, que já havia sido presidente e que permanece como o único chefe não branco do poder executivo no Brasil. O autoritário e vingativo Bernardes, que criou até um campo de concentração para prender inimigos políticos, aparece geralmente na disputa pelo indesejável título de pior presidente da história. Ultimamente, diga-se de passagem, é possível que sua alma descanse mais tranquilamente.

Em pleno século 21, urge perguntar que tipo de patriotismo se apropria da bandeira nacional, associando-a a uma pessoa, a um partido ou a ideias retrógradas alimentadas por discórdia e medo? Que espécie de patriota se veste de verde e amarelo para, com ódio e truculência, vociferar contra instituições do Estado, atacar a democracia, maldizer professores, cientistas e humilhar aqueles que proporcionam arte e inspiração a um povo privado de dignidade?

O patriotismo que busca o bem da população e enxerga o curto e o longo prazo pede por professores bem pagos e motivados, livros e bibliotecas, e não por armas e clubes de tiro; pede escolas com caráter acadêmico e pensamento crítico, e menos tempo e energia perdidos em bolhas multiplicadoras de mentiras e tolices; pede agricultura familiar, cooperativas, preservação ambiental e alimento para os brasileiros, e menos latifúndios que geram lucros da exportação para poucos e parca geração de impostos; pede pesquisa científica e um governo laico, e menos enganação pseudorreligiosa que só beneficia uma oligarquia de exploradores do povo. Uma ideia de pátria que não seja baseada em divisão e morte, mas em solidariedade e união.

Precisamos seguir exemplos como os do Pe. Júlio Lancellotti e de Zilda Arns, e não de alguns reacionários e caricatos empresários da comunicação e do comércio. Carecemos das palavras de Laurentino Gomes, Roberto Campos e Darcy Ribeiro, e não das sandices de Olavo de Carvalho e seus discípulos. O Brasil realizará seu potencial com políticos e com iniciativa privada que tenham foco no bem comum, na industrialização e no desenvolvimento científico. Não avançaremos enquanto formos uma economia apoiada em minérios e commodities da exportação primária.

A Independência, assim como a Proclamação da República, não foram movimentos populares. Uma partiu do próprio regente colonizador e a outra se deu em um atropelado golpe militar, a primeira das ditaduras fardadas da república. A falta de participação pública nos dois casos pode ter ajudado a solidificar a busca por soluções baseadas em um salvador da pátria e não em mudanças estruturais.

O patriotismo produtivo é baseado na cidadania e na solidariedade. A pátria é seu povo e não o território, a bandeira ou alguma ideologia. No dia em que revertermos as seculares mazelas sociais, os privilégios históricos e a ansiedade agressiva em que mergulhamos, poderemos finalmente comemorar, com orgulho e serenidade, a independência do Brasil.

Aidir Parizzi, um brasileiro que transformou sua experiência de cidadão do mundo com ênfase na palavra cidadão em conteúdo de extrema importância para contextualizarmos as mudanças frenéticas ao nosso redor.

Martha Medeiros

LEIA TAMBÉM

DE AIDIR PARIZZI

Aidir Parizzi compartilha experiências que atravessam a superfície dos destinos turísticos e mergulham fundo na alma dos lugares e das pessoas. São livros de viagens, sim, mas também de descobertas culturais, políticas e humanas. Com olhos de cronista e ouvidos de antropólogo, o autor nos guia por roteiros inusitados, viscerais e inesquecíveis. Uma leitura para quem entende que viajar é, acima de tudo, deslocar-se por dentro.

Leitura para quem busca:

Relatos de viagens com profundidade
Experiências culturais e humanas
Reflexões políticas e históricas pelo mundo
Narrativas sensíveis sobre diversidade
Literatura de viagem com alma